COLLECTION **MAGELLAN**

Histoire
Géographie

CE2
CYCLE 3

conforme aux nouveaux programmes

Sous la direction de

Sophie Le Callennec
Professeur d'histoire-géographie

Jacques Bartoli
Professeur certifié d'histoire-géographie à l'IUFM de Créteil

Olivier Cottet
Inspecteur de l'Éducation nationale

Laurence Rolinet
Professeur d'histoire-géographie, formatrice au CFP Emmanuel Mounier

Françoise Martinetti
Professeur agrégée d'histoire, chargée de cours à l'IUFM de Nice

HATIER

Conception	Frédéric Jély
Mise en page	Prête-moi ta plume
Cartographie	Edigraphie
Illustrations	Bruno Le Sourd, Amélie Veaux

© HATIER PARIS FÉVRIER 2002 – ISBN : 978-2-218-73750-3

Avant-propos

Magellan, par son expédition (1519-1521), fut à la fois acteur de la géographie et acteur de l'histoire : il prouva aux hommes la rotondité de la Terre et transforma ainsi leur vision du monde. Qu'il ne soit pas parvenu à achever lui-même sa célèbre circonvolution n'a guère d'importance puisque son élan et sa motivation stimulèrent son équipage qui, après sa disparition, poursuivit le voyage pour revenir à son point de départ.

Cette nouvelle collection de manuels d'histoire et de géographie, destinés aux élèves de cycle III, conformes aux nouveaux programmes 2002, se place donc sous le signe de Magellan.

La partie histoire est consacrée aux deux premières périodes du programme : la Préhistoire et l'Antiquité, précédées d'un court chapitre de révision sur le découpage du temps. La succession des leçons est ponctuée par des dossiers consacrés aux sources de l'histoire : ils apprennent aux élèves que l'histoire n'est pas un simple récit mais une construction issue de la recherche et que, comme les historiens, ils peuvent observer le monde qui les entoure pour y détecter des traces du passé.

La partie géographie commence par un premier regard sur le monde et se poursuit avec une étude des paysages français. Les leçons sont, elles aussi, rythmées par des dossiers sur les outils du géographe, qui permettent aux élèves d'acquérir la maîtrise progressive de ces outils, en particulier les cartes, et de découvrir les différentes clefs de lecture des paysages.

Dans chaque leçon, la priorité est accordée aux documents variés, supports de lecture et de réflexion :
• de grandes photographies illustrant les aspects majeurs de la leçon et permettant un questionnement détaillé ;
• de grandes cartes, des planisphères et des chronologies regroupés dans un atlas de 16 pages, pour permettre une mise en relation de la représentation paysagère et de sa localisation dans l'espace ;
• de nombreux textes de lecture (témoignages historiques, descriptions géographiques) servant aussi bien en histoire et géographie qu'en français.

Le fléchage des photographies et les questions d'observation (signalées par un cercle vide, ○ en histoire, ○ en géographie) et de réflexion (signalées par un cercle plein, ● en histoire, ● en géographie) soutiennent l'étude des documents, organisent la leçon et permettent aux élèves un usage rigoureux de la description, de l'analyse et de la synthèse.

La leçon, claire et précise, reprend les éléments clés observés dans les documents. Le cas échéant, elle est complétée par un lexique.

Sur les traces de Magellan, l'équipe d'auteurs vous souhaite une bonne navigation dans le temps et dans l'espace.

Sophie Le Callennec

Histoire

1 Se repérer dans le temps — 6

1 La mesure du temps — 8
2 La date — 10
3 Les calendriers — 12
4 Les outils de l'historien: la frise chronologique — 14
5 Les sources de l'histoire: des sources variées — 16

2 La Préhistoire — 18
De 4 millions d'années à 3000 avant Jésus-Christ

1 Les vestiges, sources de l'histoire: les vestiges et le travail des archéologues — 20
2 L'origine de l'humanité — 22

Le Paléolithique
3 Les vestiges, sources de l'histoire: les premiers outils — 24
4 La maîtrise du feu — 26
5 La vie des premiers hommes — 28
6 Les premiers habitants de la France — 30
7 L'art, source de l'histoire: les peintures pariétales — 32

Le Néolithique
8 Les vestiges, sources de l'histoire: les progrès de l'outillage — 34
9 Les débuts de l'agriculture — 36
10 Les débuts de l'artisanat — 38
11 La sédentarisation des hommes — 40
12 Les vestiges, sources de l'histoire: les mégalithes de Carnac — 42
13 Les vestiges, sources de l'histoire: des outils en métal — 44
14 Les débuts de la métallurgie — 46

3 L'Antiquité — 48
De 3000 avant Jésus-Christ à 476 après Jésus-Christ

1 L'invention de l'écriture — 50
2 Les écrits, sources de l'histoire: les débuts de l'Histoire — 52
3 Les premières villes — 54
4 Les premiers États — 56
5 Rome et son empire — 58

La Gaule celtique
6 Les populations de la Gaule — 60
7 Les écrits, sources de l'histoire: les écrits sur les Gaulois — 62
8 Paysans et artisans — 64
9 Guerriers et commerçants — 66
10 La conquête de la Gaule par les Romains — 68
11 Les reconstitutions, sources de l'histoire? Alésia, 52 avant Jésus-Christ — 70

La Gaule romaine
12 La romanisation de la Gaule — 72
13 Les vestiges, sources de l'histoire: Nîmes, ville gallo-romaine — 74
14 La vie quotidienne des Gallo-Romains — 76
15 Les dieux de la Gaule — 78
16 Un seul dieu: le christianisme — 80
17 La christianisation de l'Empire romain — 82
18 La fin de l'Empire romain — 84

Géographie

1 Regards sur le monde   86
Des espaces organisés par les sociétés humaines

1   Globe et planisphère, outils du géographe : les représentations de la Terre   88
2   Les continents et les océans   90
3   Des climats variés   92
4   La répartition des hommes sur la Terre   94
5   Les images satellites, outils du géographe : la Terre vue de l'espace   96
6   Les genres de vie : vivre dans un pays riche   98
7   Les genres de vie : vivre dans un pays pauvre   100
8   Les photographies, outils du géographe : riches et pauvres à Bombay   102

2 Les paysages français   104
Des constructions historiques en constante évolution

Les paysages urbains
1   Les images satellites, outils du géographe : de l'image satellite à la carte   106
2   Les quartiers d'habitation   108
3   Les quartiers du travail   110
4   L'échelle des cartes, outil du géographe : de la carte au plan   112
5   Les paysages du commerce   114
6   Les loisirs et la culture   116
7   Les plans, outils du géographe : le plan et son orientation   118
8   Le centre-ville   120
9   Les arts visuels, outils du géographe : le centre-ville   122
10   La périphérie des villes   124
11   Les plans, outils du géographe : le plan et sa légende   126
12   Les zones périurbaines   128
13   Les villes nouvelles   130
14   Les plans, outils du géographe : le plan des transports   132

Les paysages ruraux
15   Les paysages agricoles   134
16   Les forêts   136
17   Les cartes, outils du géographe : la carte et son orientation   138
18   Les villages   140
19   Le tourisme rural   142
20   Les cartes, outils du géographe : la carte routière   144

Les paysages montagnards
21   La montagne en été   146
22   La montagne en hiver   148
23   Les cartes, outils du géographe : la carte du relief   150

Les paysages littoraux
24   Les littoraux touristiques   152
25   Les littoraux de la pêche et du commerce   154
26   Les cartes, outils du géographe : le paysage et sa carte   156

27   La France d'outre-mer   158

Se repérer dans le temps

L'histoire est l'étude du passé,
de tout ce qui nous a précédés :
les événements importants
et la manière dont les hommes
vivaient autrefois.

SOMMAIRE

1	La mesure du temps	8
2	La date	10
3	Les calendriers	12
4	les outils de l'historien La frise chronologique	14
5	les sources de l'histoire Des sources variées	16

Les Très Riches Heures
du duc de Berry, mois de juillet,
1440, musée Condé à Chantilly

1 La mesure du temps

1 La course des mois

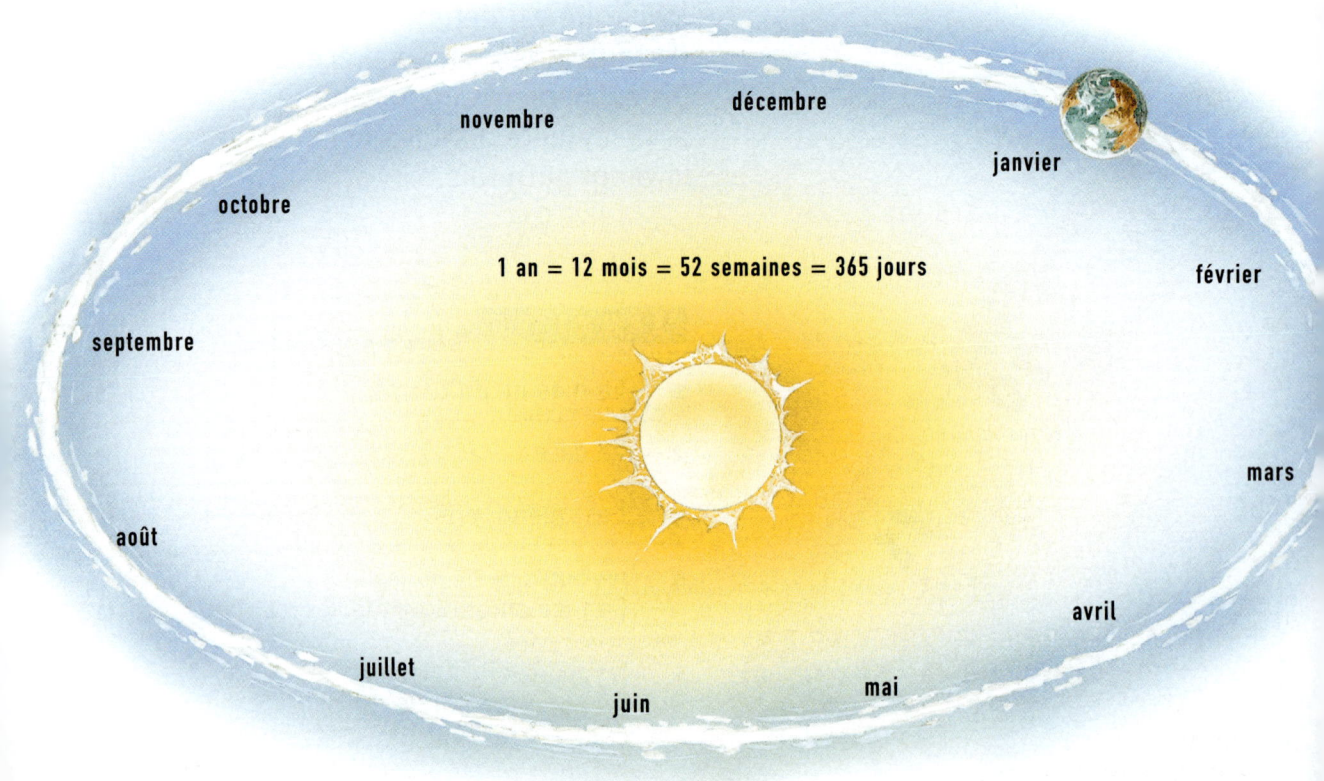

novembre
décembre
janvier
octobre
février
1 an = 12 mois = 52 semaines = 365 jours
septembre
mars
août
avril
juillet
mai
juin

- Dans une année, combien y a-t-il de jours ? de mois ? de semaines ?
- À quel mouvement de la Terre une année correspond-elle ?

Une mesure nécessaire

Quand on étudie le passé, il est nécessaire de savoir si un événement a eu lieu il y a très longtemps ou récemment, s'il s'est produit avant ou après un autre événement. C'est pourquoi les hommes ont inventé des systèmes de mesure qui leur permettent de se repérer dans le temps. Ces découpages du temps se fondent sur des repères simples : une journée correspond au temps que met la Terre pour faire un tour sur elle-même ; une année correspond au temps qu'il lui faut pour faire un tour complet autour du Soleil (**doc. 1**).

Les jours, les semaines, les mois et les années

Il y a 365 jours dans une année, c'est-à-dire que la Terre tourne 365 fois sur elle-même en même temps qu'elle tourne une fois autour du Soleil.
Il y a 7 jours dans une semaine et 52 semaines (plus un ou deux jours) dans une année. Il y a 12 mois dans une année (**doc. 1**). Certains mois comportent 30 jours, d'autres 31 (**doc. 2**). Le mois de février est plus court que les autres : il comprend généralement 28 jours, 29 jours certaines années.

janvier
février
mars
avril
mai
juin
juillet

août
septembre
octobre
novembre
décembre

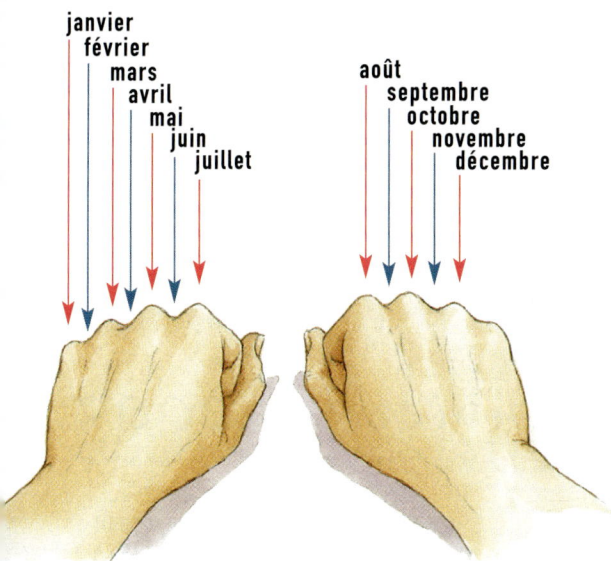

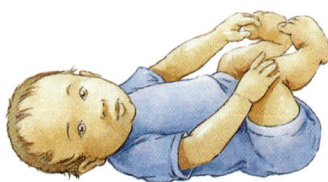

2 Des mois de durées différentes ∧

Pour trouver le nombre de jours dans un mois,
sers-toi de tes deux poings : nomme les mois
en posant ton doigt tantôt sur une bosse,
tantôt dans un creux ; les mois que tu cites
sur une bosse possèdent 31 jours ;
ceux que tu cites dans un creux possèdent
30 jours (sauf février qui en compte 28 ou 29).

- À l'aide du dessin, nomme,
  dans l'ordre, les mois de l'année.
- Combien y a-t-il de jours en mars ?
  en juillet ? en novembre ?
- Nomme un mois de 31 jours ;
  un mois de 30 jours.
- Quels sont les mois de 31 jours
  qui se suivent ?
- Réponds à nouveau aux questions
  en utilisant tes mains, sans regarder le dessin.

3 Des années particulières ∧

- Cherche dans le lexique
  comment on appelle les années
  dont le mois de février comporte 29 jours.
- Sais-tu quelle a été la dernière année bissextile ?
- Quelle sera la prochaine année bissextile ?
- 2016, 2018, 2020 sont-elles des années bissextiles ?
- Si un enfant est né le 29 février 1996,
  quand fête-t-on son premier anniversaire ?

Les années bissextiles

La Terre met un peu plus d'une année pour
effectuer un tour complet autour du Soleil :
365 jours et six heures. Il lui faut donc
quatre années et un jour (4 fois 6 heures
font 24 heures, c'est-à-dire une journée)
pour effectuer quatre tours complets
autour du Soleil.
Pour intégrer ce jour supplémentaire au
calendrier, une année sur quatre, on ajoute
un 366e jour : le 29 février. Les années qui
comportent 366 jours sont appelées les
années « bissextiles ». 2004, 2008, 2012...
sont des années bissextiles (**doc. 3**).

Les siècles et les millénaires

Les historiens utilisent d'autres unités pour
mesurer des temps très longs :
– le siècle qui dure 100 ans,
– le millénaire qui dure 1 000 ans.

LEXIQUE

bissextile (année) : qui compte 366 jours (avec
un 29 février) ; une année sur quatre est bissextile.

un millénaire : une suite de mille années.

un siècle : une suite de cent années.

2 La date

1 Les éléments de la date

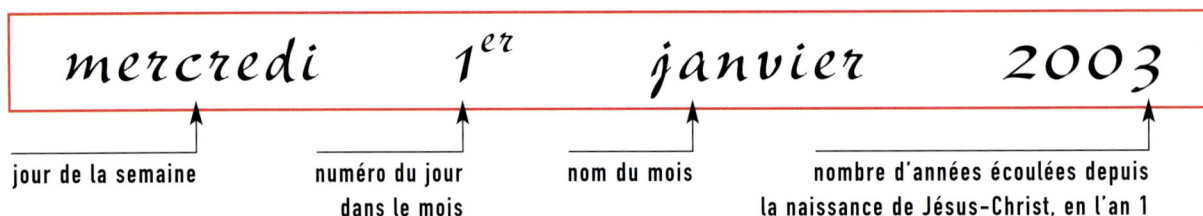

$$\text{mercredi} \qquad 1^{er} \qquad \text{janvier} \qquad 2003$$

jour de la semaine | numéro du jour dans le mois | nom du mois | nombre d'années écoulées depuis la naissance de Jésus-Christ, en l'an 1

○ Nomme la date d'aujourd'hui et identifie les différents éléments qui la composent.

2 Les chiffres romains

En histoire, on utilise les chiffres romains pour compter les siècles et les millénaires.

1 → I	6 → VI	11 → XI	16 → XVI	21 → XXI
2 → II	7 → VII	12 → XII	17 → XVII	22 → XXII
3 → III	8 → VIII	13 → XIII	18 → XVIII	23 → XXIII
4 → IV	9 → IX	14 → XIV	19 → XIX	24 → XXIV
5 → V	10 → X	15 → XV	20 → XX	etc.

Si l'on met deux chiffres semblables côte à côte, on les additionne : par exemple, II (1 + 1) = 2.
Si l'on met un petit chiffre après un grand, on les additionne aussi : par exemple, XI (10 + 1) = 11.
Mais si l'on met un petit chiffre avant un grand, on le soustrait : par exemple, IX (1 ôté de 10) = 9.

● Écris en chiffres romains :
3e siècle, 11e siècle, 18e siècle, 19e siècle.

Un point de départ

La date permet de situer un événement dans le temps, de manière précise. Pour cela, on choisit un point de départ et l'on compte le temps à partir de ce point de départ, comme on mesure une longueur avec une règle.
En France, on utilise pour point de départ du calendrier la naissance de Jésus-Christ, en l'an 1 (il n'y a pas d'année 0 : c'est comme si la règle graduée commençait à 1) (doc. 1).
Ainsi, la Révolution française de 1789 a eu lieu la 1789e année après la naissance de Jésus.

Les éléments de la date

La date complète comporte :
– le nom du jour de la semaine (lundi, mardi, mercredi, jeudi, vendredi, samedi ou dimanche),
– le numéro du jour dans le mois (de 1 à 31),
– le nom du mois (janvier, février, mars, avril, etc.),
– l'année, c'est-à-dire le nombre d'années écoulées depuis la naissance de Jésus (2002, 2003, 2004, etc.).
Par exemple, le premier jour de l'année 2003 était le mercredi 1er janvier 2003 (doc. 1).

3 Compter les siècles et les rois

Pour distinguer les rois qui portent le même prénom, on ajoute un numéro à leur nom. Ce numéro s'écrit en chiffres romains. Par exemple, on écrit Henri IV pour désigner le 4ᵉ roi qui a porté le nom d'Henri.

○ Nomme les rois dont le portrait se trouve sur cette page.

○ Cherche dans un dictionnaire durant quels siècles ils ont vécu.

○ Combien de rois ont porté le nom de Louis avant Louis XVI ?

● Lis le paragraphe *Compter les siècles* ci-dessous et dis à quel siècle et à quel millénaire appartient chacune de ces dates : 1515 ? 1848 ? 1968 ? 2000 ? 2001 ?

Louis IX, dit saint Louis, enluminure du xivᵉ siècle

Henri IV, tableau du xviiᵉ siècle

Louis XVI, tableau du xviiiᵉ siècle

Compter les siècles

Le premier siècle commence avec la naissance de Jésus-Christ en l'an 1 et s'achève en l'an 100. Le deuxième siècle commence donc en l'an 101 et s'achève en l'an 200, etc. Pour trouver le siècle auquel appartient une année, on prend le nombre de centaines d'années dans la date et l'on ajoute 1. Par exemple : il y a 14 centaines dans 1492, qui appartient donc au (14 + 1) 15ᵉ siècle. En revanche, l'année 100 appartient au 1ᵉʳ siècle, l'année 200 au 2ᵉ siècle et l'année 2000 au 20ᵉ siècle (doc. 2 et 3).

Les dates anciennes

On peut aussi déterminer la date des événements qui ont eu lieu avant la naissance de Jésus. Par exemple, les Romains ont battu les Gaulois à Alésia 52 années avant la naissance de Jésus : on dit que cet événement a eu lieu en 52 avant Jésus-Christ ou en 52 avant notre « ère » (on écrit –52 ou 52 av. J.-C.).

On compte les siècles avant notre ère de la même manière que les siècles de notre ère : 52 av. J.-C. appartient au 1ᵉʳ siècle avant notre ère.

3 Les calendriers

1 Le calendrier musulman

L'année musulmane compte 354 jours, répartis en 12 mois de 29 ou 30 jours, suivant les phases de la Lune. Cette page de calendrier représente le premier jour de l'année musulmane (dans la colonne de droite) et sa correspondance dans le calendrier grégorien (colonne de gauche).

2002 الجمعة **1423**

vendredi

15 **1**

مارس محرم

mars **moharem**

○ Comment s'appelle le premier jour de l'année musulmane ?

○ Quelle année du calendrier musulman est représentée ici ?

○ À quel jour du calendrier grégorien le Nouvel An musulman a-t-il correspondu en 2002 ?

● Connais-tu le nom de certains mois de l'année musulmane ?

● Connais-tu une fête du calendrier musulman ?

Les principes du calendrier

Un calendrier est un système qui permet de découper le temps et de se repérer dans son déroulement. Il se fonde sur :
– la rotation de la Terre sur elle-même, qui provoque l'alternance du jour et de la nuit ;
– la position apparente du Soleil, qui est responsable de l'alternance des saisons ;
– la position de la Lune, qui sert à regrouper les jours en mois.
Les calendriers indiquent donc les jours, les mois et les années. Certains comportent également d'autres découpages, comme les semaines.

Le découpage du temps

Dans les calendriers « solaires » (fondés sur la position apparente du Soleil), l'année dure 365 ou 366 jours, répartis en 12 mois. C'est le cas du calendrier grégorien, le nôtre (**doc. 3**). Dans les calendriers « lunaires » (fondés sur la position de la Lune), les mois durent 28 ou 29 jours, les années possèdent 12 ou 13 mois et durent 354 à 377 jours. C'est le cas du calendrier musulman, avec ses 12 mois et son année de 354 jours (**doc. 1**). C'est également le cas du calendrier juif, avec ses 12 ou 13 mois et son année tantôt de 355 tantôt de 385 jours (**doc. 2**).

2 Le calendrier juif >

L'année juive
compte tantôt 355 jours,
répartis en 12 mois,
tantôt 385 jours,
répartis en 13 mois.

○ Quelle année est représentée
sur ce calendrier ?

○ Quelle année est-ce
dans le calendrier juif ?

● Calcule la différence
entre les deux années
et trouve en quelle année
le calendrier juif commence.

○ Comment s'appelle
le premier jour
de l'année juive ?
(Regarde la première ligne
du calendrier)

● Connais-tu une fête
du calendrier juif ?

S **E** **P** **T** **E** **M** **B** **R** **E**	Sam	7	1ᵉʳ j. de Roch Hachana 5763 ✿✿✿ ♍ 21 h 04	א׳ דראש השנה תשס״ג	1	ת ש ר י
	Dim	8	2ᵉ j. de Roch Hachana Tachlikh ✿✿✿ 21 h 02	ב׳ דראש השנה	2	
	Lun	9	Jeûne de Guedalia Début 05 h 36 Fin 21 h 00	צום גדליה	3	
	Mar	10			4	
	Mer	11			5	
	Jeu	12			6	
	Ven	13	♍ de 18 h 51 à 19 h 11		7	
	Sam	14	Haazinou, Chabat Chouva ✿✿✿ 20 h 49	האזינו, שבת שובה	8	T I C H R I
	Dim	15	Erèv Kipour, Kol Nidré ♍ 19 h 48	ערב יום כפור, כל נדרי	9	
	Lun	16	Yom Kipour, Yizkor ✿✿✿ 20 h 45	יום כפור, יזכור	10	
	Mar	17			11	
	Mer	18			12	
	Jeu	19			13	
	Ven	20	Erèv Soukot ♍ 19 h 37	ערב סוכות	14	
	Sam	21	1ᵉʳ jour de Soukot ✿✿✿ ♍ 20 h 34	א׳ דסוכות	15	
	Dim	22	2ᵉ jour de Soukot ✿✿✿ 20 h 32	ב׳ דסוכות	16	
	Lun	23	1ᵉʳ jour de 'Hol Hamoèd	א׳ דחה׳׳מ סוכות	17	
	Mar	24	2ᵉ jour de 'Hol Hamoèd	ב׳ דחה׳׳מ סוכות	18	
	Mer	25	3ᵉ jour de 'Hol Hamoèd	ג׳ דחה׳׳מ סוכות	19	
	Jeu	26	4ᵉ jour de 'Hol Hamoèd	ד׳ דחה׳׳מ סוכות	20	
	Ven	27	Hochaana Raba ♍ 19 h 22	הושענא רבא	21	

3 Le calendrier grégorien

Les bases de notre calendrier ont été établies par Jules César, général romain, en 46 av. J.-C. En effet, Jules César a fixé l'année à 365 jours, le découpage en douze mois et la semaine de sept jours. Il a donné leur nom aux mois : par exemple, « avril » vient du verbe « ouvrir », car la végétation s'ouvre durant ce premier mois de printemps. Jules César a également donné leur nom aux jours : par exemple, lundi signifie « jour de la Lune ».

En 1582, le pape Grégoire XIII a aménagé ce calendrier, en aménageant les années bissextiles pour éviter le décalage avec la position du Soleil. C'est ce calendrier que nous utilisons de nos jours : le calendrier grégorien.

○ Pourquoi
notre calendrier
s'appelle-t-il
le calendrier
« grégorien » ?

● Cherche
la signification
des noms
des autres mois
et des jours
de la semaine.

Le début de l'année

Dans le calendrier grégorien, l'année commence le 1ᵉʳ janvier et se termine le 31 décembre.
L'année juive commence avec la fête de Roch Hachana, qui se situe en septembre (doc. 2). L'année musulmane compte 11 jours de moins que notre année ; le Nouvel An musulman (le 1ᵉʳ moharem) se décale donc chaque année de 11 jours dans notre calendrier. En 2002, il est tombé en mars (doc. 1). L'année chinoise commence avec le Nouvel An chinois, célébré en janvier ou en février, en fonction de la nouvelle lune.

Le départ du temps

Les calendriers comptent le temps à partir d'un « point de départ » :
– le calendrier grégorien débute à la naissance de Jésus en l'an 1 ;
– le calendrier musulman débute avec l'Hégire, c'est-à-dire le départ du prophète Mohammed (ou Mahomet) de La Mecque vers Médine (l'an 1 dans le calendrier musulman, l'an 622 dans notre calendrier) (doc. 1) ;
– le calendrier juif débute avec la date autrefois supposée de la création du monde (l'an 1 dans le calendrier juif, l'an 3761 av. J.-C. dans notre calendrier) (doc. 2).

4 les outils de l'historien
La frise chronologique

1 La ligne de vie par âge

Pour représenter la vie d'une personne, on peut tracer une ligne de vie
sous la forme d'un ruban. Le passé se trouve à gauche et le présent à droite.
Le ruban se termine à droite par une flèche qui désigne le futur.
La ligne ci-dessous représente la vie d'un enfant de 4 ans.
Sa naissance est située à gauche, son âge actuel à droite. Chaque case représente une année.
Au-dessus de chaque case, on peut lire l'âge qui correspond à cette année-là.

| avant 1 an | 1 an | 2 ans | 3 ans | 4 ans |

○ À quel âge cet enfant a-t-il appris
à faire de la bicyclette ?

○ Quel âge avait-il quand il a commencé
à marcher ?

○ Qu'a-t-il d'abord appris :
à nager ou à faire de la bicyclette ?

○ Les événements les plus récents se trouvent-ils
à gauche ou à droite de sa ligne de vie ?

2 La ligne de vie par année

Sur la ligne de vie d'une personne, on peut écrire les années qui se succèdent.
Voici la ligne du temps correspondant à la vie d'une jeune femme d'une trentaine d'années.

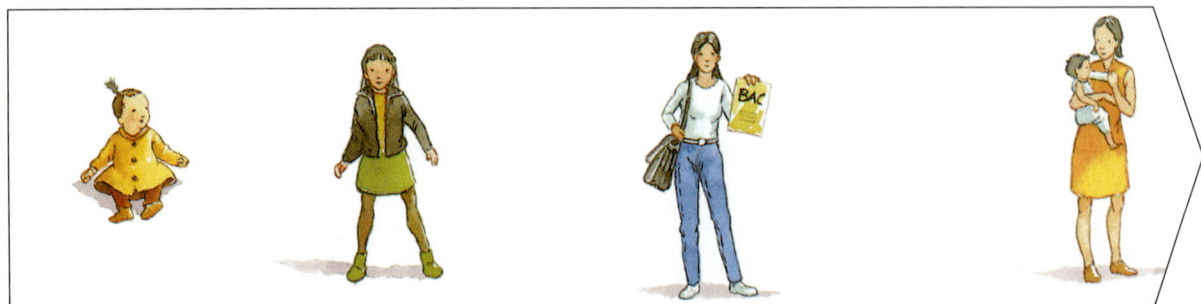

| 1970 | 1975 | 1980 | 1985 | 1990 | 1995 | 2000 |

○ Quand cette jeune fille est-elle née ?
○ Qu'a-t-elle fait entre 1985 et 1990 ?

○ Avait-elle plus ou moins de trente ans
lorsqu'elle a eu son premier enfant ?

3 La frise chronologique courte

Les historiens représentent l'histoire d'un pays ou d'une région sur des frises chronologiques.
Voici la frise chronologique représentant la succession des présidents de la Vᵉ République
en France jusqu'en 2002.

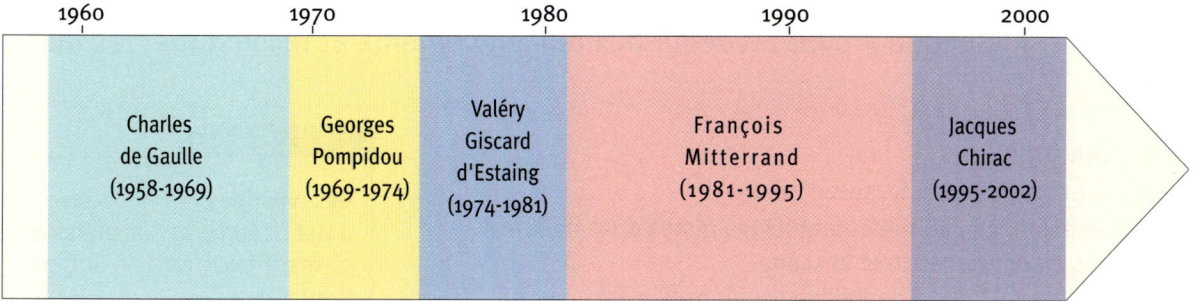

1960	1970	1980	1990	2000

| Charles de Gaulle (1958-1969) | Georges Pompidou (1969-1974) | Valéry Giscard d'Estaing (1974-1981) | François Mitterrand (1981-1995) | Jacques Chirac (1995-2002) |

○ Quel a été le premier président
de la Vᵉ République ? Qui lui a succédé ?
○ En quelle année Valéry Giscard d'Estaing
est-il devenu président de la République ?

○ Quelle a été la dernière année de la présidence
de François Mitterrand ?
● Comment s'appelle l'actuel président
de la République ?

Sur une frise chronologique, la taille de chaque période est proportionnelle à sa durée dans la réalité.
Par exemple, sur cette frise, une année correspond à 3 mm environ.
De cette façon, on peut facilement comparer deux périodes :
la partie la plus longue sur la frise correspond à la période la plus longue.

● Quel président est resté le plus longtemps
au pouvoir ?
● Peux-tu le savoir sans lire les dates ?

● Quel président est resté le moins longtemps ?
Comment le sais-tu ?
● Qui lui a succédé ?

4 La frise chronologique longue

Une frise chronologique représente parfois des périodes longues : des siècles voire des millénaires.
On n'écrit alors pas les années, mais les siècles ou les millénaires.
Voici la frise chronologique des grandes périodes de l'histoire de France depuis l'an 1.

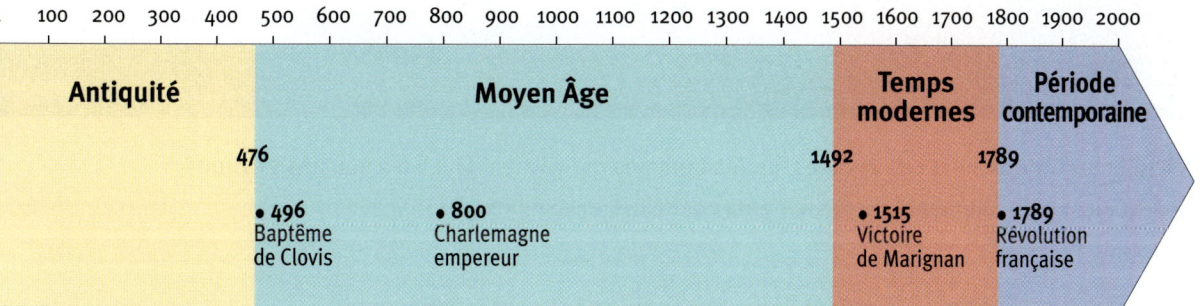

1	100	200	300	400	500	600	700	800	900	1000	1100	1200	1300	1400	1500	1600	1700	1800	1900	2000

Antiquité — **Moyen Âge** — **Temps modernes** — **Période contemporaine**

476 — 1492 — 1789

• 496 Baptême de Clovis
• 800 Charlemagne empereur
• 1515 Victoire de Marignan
• 1789 Révolution française

○ Comment s'appelle la première période
de l'histoire de France ?
○ Quand le Moyen Âge a-t-il commencé ?

○ À quelle période appartient le XVIIᵉ siècle ?
○ Dans quelle période sommes-nous
actuellement ?

Pour situer un événement sur une frise chronologique, on écrit la date précise
avec un point ou une croix à l'endroit correspondant.

○ Que s'est-il passé en 496 ?
○ Que s'est-il passé en 1515 ?

○ Quand Charlemagne est-il devenu empereur ?
○ Durant quelle période était-ce ?

○ Découvre la chronologie B de l'atlas et cite une information historique qu'elle t'apprend.

5 les sources de l'histoire
Des sources variées

Pour découvrir le passé, l'historien cherche des traces des époques anciennes ;
il mène une enquête pour recueillir des renseignements et reconstituer les faits.

1 Les vestiges

Théâtre d'Aubigné-Racan, Sarthe, Iᵉʳ siècle

Depuis un avion, on voit nettement ici les restes d'un théâtre :
les gradins en arc de cercle et la scène.
L'étude de ces vestiges a permis de savoir qu'il a été construit
il y a 2 000 ans environ et qu'il pouvait accueillir 3 000 personnes.

des vestiges : ce qui reste du passé (bâtiments, monuments, objets, traces dans le sol, par exemple).

● Que nous apprennent ces vestiges sur les hommes qui vivaient là il y a 2 000 ans environ ?

● À quels autres bâtiments ou monuments ce théâtre ressemble-t-il ?

Toutes les traces du passé sont intéressantes :
ossements, outils, bijoux, armes, pièces de monnaie,
restes de monuments, objets d'art...
Les archéologues sont des chercheurs qui effectuent des fouilles
pour trouver des vestiges.

Monnaie romaine en argent, 44 avant Jésus-Christ

○ Décris ce que tu vois sur cette pièce :
le bateau et ses différentes parties, les personnages...

● Que nous apprend-elle sur la navigation à Rome
au Iᵉʳ siècle av. J.-C. ?

● Que nous apprend-elle sur l'écriture à Rome au Iᵉʳ siècle av. J.-C. ?

2 Les sources écrites >

Poterie gauloise provenant de La Gaufresenque en Aveyron, Ier siècle, musée Fenaille à Rodez

Sur ce plat, le potier a inscrit quelques informations, comme le nom de l'ouvrier qui l'a fabriqué et la liste des récipients qu'il a fabriqués ce jour-là.

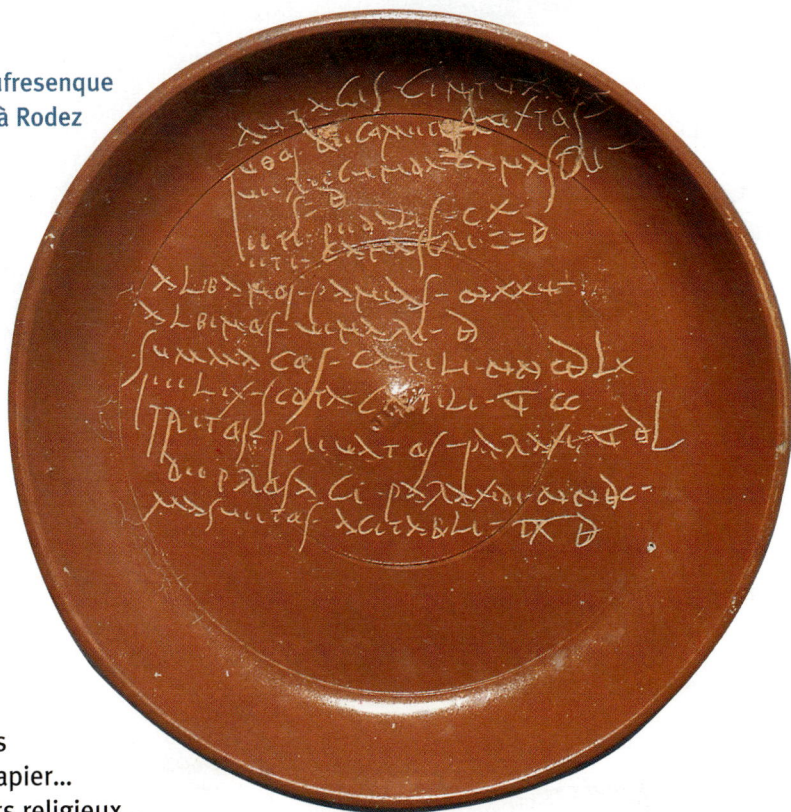

- Que nous apprend cette poterie sur l'artisanat de la Gaule ?
- Que nous apprend-elle sur l'écriture de la Gaule ?
- Peux-tu lire l'inscription sur ce plat ?
- Que doivent faire les historiens pour que ce texte soit pour eux une source de l'histoire ?

Les sources écrites sont variées : textes gravés dans la pierre, inscrits sur des tablettes ou notés sur du papier... récits, journaux, textes de lois, écrits religieux...

Les Gaulois comptent le temps non par les jours mais en fonction de la Lune. Leur vie est très différente de celle des autres peuples. Par exemple, ils ne supportent pas de voir leurs enfants en public tant qu'ils ne sont pas en âge de porter les armes. C'est un déshonneur pour un fils, tant qu'il est enfant, de se présenter dans un lieu public devant son père.

D'après Jules César, Guerre des Gaules, Ier siècle av. J.-C.

- Qui est l'auteur de ce texte ?
- De quand date ce texte ?
- Que nous apprend-il sur le calendrier gaulois ? sur les relations familiales chez les Gaulois ?

< 3 Les sources orales

Les hommes se transmettent de génération en génération des témoignages, des récits, des traditions, des savoir-faire... Les historiens étudient ces sources orales pour découvrir ce qu'elles révèlent du passé.

- Décris cette scène : où se trouvent ces deux hommes ? Que font-ils ? A ton avis, quel est leur métier ?
- Quel autre savoir se transmet oralement ?
- En quoi ces traditions sont-elles des sources de l'histoire ?

La Préhistoire

De 4 millions d'années à 3000 avant Jésus-Christ

Il y a 4 millions d'années,
les ancêtres directs des hommes
ont commencé à peupler la Terre.
Cette période très ancienne
du passé s'appelle la Préhistoire.

SOMMAIRE

| 1 | les vestiges, sources de l'histoire
Les vestiges et le travail
des archéologues | 20 |
| 2 | L'origine de l'humanité | 22 |

Le Paléolithique

3	les vestiges, sources de l'histoire Les premiers outils	24
4	La maîtrise du feu	26
5	La vie des premiers hommes	28
6	Les premiers habitants de la France	30
7	l'art, source de l'histoire Les peintures pariétales	32

Le Néolithique

8	les vestiges, sources de l'histoire Les progrès de l'outillage	34
9	Les débuts de l'agriculture	36
10	Les débuts de l'artisanat	38
11	La sédentarisation des hommes	40
12	les vestiges, sources de l'histoire Les mégalithes de Carnac	42
13	les vestiges, sources de l'histoire Des outils en métal	44
14	Les débuts de la métallurgie	46

La Rotonde des taureaux,
Lascaux, 20 000 ans

1 Les vestiges et le travail des archéologues

1 Les vestiges au jour le jour ∨

Dans cette corbeille,
les objets déposés
il y a longtemps
se trouvent en dessous ;
ceux déposés récemment
se trouvent au-dessus.

31 août : retour de vacances

4 septembre : rentrée des classes

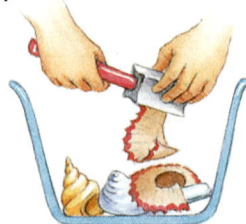

10 octobre : jour d'école

31 décembre : grand rangement

Quel objet
a été mis en dernier
dans la corbeille ?

2 Les vestiges des temps anciens ∨

Les hommes qui vivent successivement dans un lieu laissent
des traces de leur passage : objets jetés, perdus, abandonnés...
Ces vestiges s'enfouissent progressivement dans le sol.
Les objets les plus anciens se trouvent profondément enterrés ;
les plus récents se trouvent au-dessus.
Lorsqu'on effectue des fouilles, on trouve donc d'abord
les objets les plus récents.

Il y a 2 millions d'années

Il y a 100 000 ans

Il y a 10 000 ans

De nos jours

Quel objet l'archéologue trouve-t-il en premier ? Pourquoi ?
Quel objet trouvera-t-il en dernier ?

3 Chantier de fouilles à Plouhinec >

Quand ils repèrent un site, les archéologues organisent des fouilles. C'est un travail long et minutieux.

○ Sur la carte 1 de l'atlas, situe Plouhinec en Bretagne.

● Pourquoi les archéologues prennent-ils tant de précautions lors des fouilles ?

● Pourquoi notent-ils les endroits précis où ils trouvent les vestiges ?

Division du site en carrés numérotés

Échelle de mesure de la profondeur

Sac de sable servant à stabiliser le sol

Petit instrument permettant de dégager les vestiges

4 Étudier les vestiges ∧

Propulseur sculpté en bois de renne, Mas d'Azil, -13 000 ans, 27 cm, musée Ludevèze

Chaque objet découvert dans le sol est un indice du passé. Des spécialistes déterminent son ancienneté, sa nature, sa fonction. Cela leur permet de comprendre comment les hommes d'autrefois vivaient. Par exemple, des archéologues ont découvert cet objet. Ils pensent qu'il s'agit d'un propulseur qui permettait de lancer des flèches.

○ Quel animal est sculpté sur ce propulseur ?

LEXIQUE

un archéologue : un savant qui étudie les traces laissées par les hommes du passé.

un site : pour les archéologues et les historiens, un endroit riche en vestiges du passé.

21

2 L'origine de l'humanité

< 1 **Empreintes de pas**
Tanzanie, -3,6 millions d'années

○ Sur la carte 5 de l'atlas, situe la Tanzanie.

● Comment ces traces de pas ont-elles été faites ?

● Comment ont-elles été conservées ?

2 **Lucy, australopithèque >**
Éthiopie, -3,3 millions d'années, Musée d'histoire naturelle de Cleveland

○ Sur la carte 5 de l'atlas, situe l'Éthiopie.

○ Sur quel continent l'Éthiopie et la Tanzanie se trouvent-elles ?

○ Quelles parties du corps reconnais-tu sur ce squelette ?

● Que nous apprennent ces traces de pas et ce squelette sur les ancêtres des hommes ?

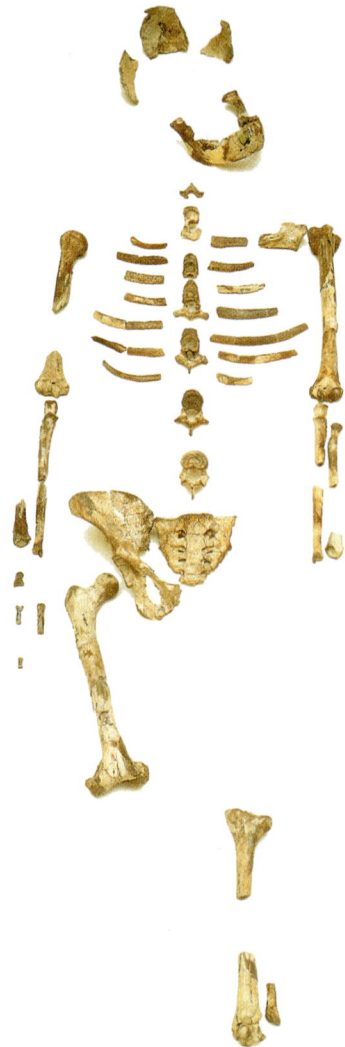

Une origine africaine

Les vestiges les plus anciens des humains et de leurs proches ancêtres sont des ossements, des outils et même des traces de pas (doc. 1). Ils ont été découverts en Afrique : on pense donc que les premiers hommes vivaient dans cette région du monde.

Les Australopithèques

Il y a 3,3 millions d'années, les Australopithèques, des individus proches de l'espèce humaine, vivaient en Afrique.

Les squelettes les plus anciens de ces Australopithèques ont été découverts en Éthiopie (une femelle adulte que les chercheurs ont surnommée « Lucy ») et au Tchad (un mâle, qu'ils ont surnommé « Abel ») (doc. 2 et carte 5 de l'atlas).

Les Australopithèques mesuraient 1 m 20 environ. Ils se nourrissaient de racines, de fruits et d'herbes (doc. 3). Comme les singes, ils grimpaient aux arbres. Comme les humains, ils se tenaient debout et se servaient de leurs mains pour tenir des objets et fabriquer des outils simples.

Australopithèques, vers -3,3 millions d'années
taille : 1 mètre 20

Homo habilis, de -2,5 à -1,6 million d'années
taille : 1 mètre 50

Homo erectus, de -1,6 million à -100 000 ans
taille : 1 mètre 55

Homo sapiens, à partir de -100 000 ans
taille : 1 mètre 60

○ Décris ces différents personnages. Compare-les : taille, allure, vêtements…

Homo habilis et *Homo erectus*

D'autres espèces ont vécu ensuite en Afrique : ce sont les descendants ou les cousins des Australopithèques (**doc. 3**).
– Les *Homo habilis* (dont le nom signifie « hommes habiles ») vivaient il y a 2 millions d'années. Certains groupes se sont progressivement installés dans les régions voisines de l'Afrique.
– Leurs descendants, les *Homo erectus* (« hommes debout »), ont vécu de 1,6 million d'années à 100 000 ans. Ils se sont répandus sur les continents voisins de l'Afrique : en Asie et en Europe.

Homo sapiens et *sapiens sapiens*

– Les *Homo sapiens* (« hommes qui pensent ») sont apparus il y a 100 000 ans. Ils ont peuplé le reste de la Terre, notamment l'Amérique et l'Océanie.
– Leurs descendants, les *Homo sapiens sapiens*, occupent la Terre depuis 40 000 ans. Nous sommes nous-mêmes des *Homo sapiens sapiens*.

3 les vestiges, sources de l'histoire
Les premiers outils

Il reste peu de vestiges de la Préhistoire : la plupart ont disparu.
Mais les quelques outils découverts nous laissent entrevoir cette époque.

1 Un galet aménagé >

Entre -1 million d'années et -300 000, Musée de l'homme à Paris

Les premiers hommes utilisaient des pierres et des bâtons
pour chasser. Il y a 2,5 millions d'années environ,
les *Homo habilis* ont découvert qu'en frappant deux pierres
l'une contre l'autre, ils faisaient sauter des éclats
et obtenaient un bord tranchant. Ces « galets aménagés »
ou « tranchoirs » sont les plus anciens outils retrouvés.

- Quelle partie de ce galet a été aménagée ? À quoi le vois-tu ?
- À ton avis, tailler les galets était-il un travail long ?
  pénible ? difficile ?
- Imagine à quoi ce galet aménagé pouvait servir.
- Quel élément te permet de penser
  que ce galet a été trouvé près d'une rivière ?

2 Un biface >

-200 000 ans, Musée des antiquités nationales à St-Germain-en-Laye

Ce biface est un outil plus perfectionné.
Ses deux faces sont taillées et la taille est mieux faite :
dans un premier temps, on a ôté de gros éclats
en frappant ce caillou contre un autre ;
dans un second temps, on l'a retouché
pour rendre sa surface moins irrégulière
et le tranchant plus pointu.

- Imagine plusieurs utilisations possibles
  de ce biface. (Aide-toi des dessins)

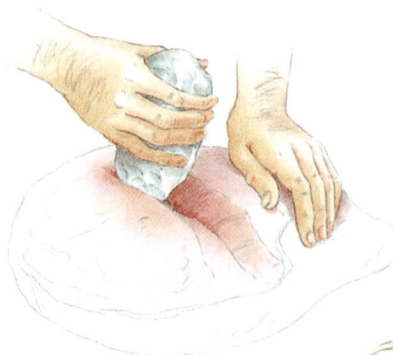

LEXIQUE

un biface : une pierre taillée sur deux faces, avec un bord tranchant.

un harpon : un instrument qui sert à tuer les poissons.

un racloir : un outil qui sert à couper et racler les peaux de bêtes.

une sagaie : une lance courte utilisée pour la chasse.

3 Des outils variés

Les *Homo erectus* puis les *Homo sapiens* ont fabriqué des outils adaptés à chacune de leurs activités : poignards, sagaies et flèches pour la chasse ; harpons pour la pêche ; grattoirs, perçoirs, pour la préparation de la viande et des peaux... Ils ont également utilisé d'autres matériaux que la pierre : le bois, les os d'animaux, les bois de rennes...

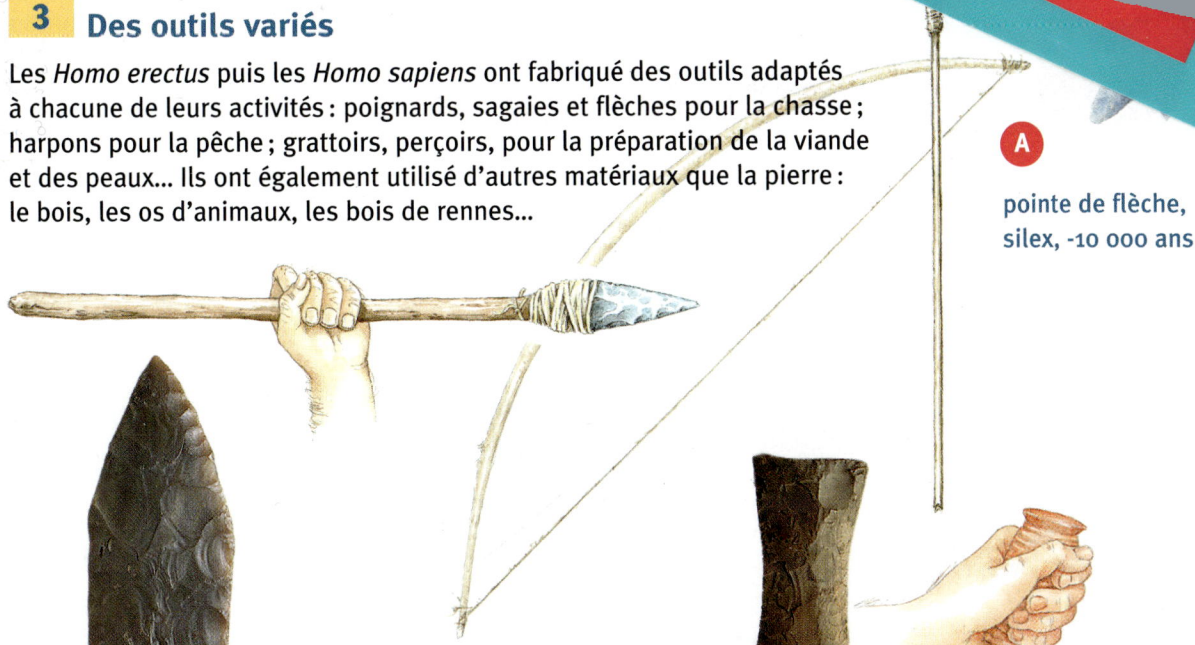

A
pointe de flèche,
silex, -10 000 ans

B
pointe de sagaie,
silex, -20 000 ans

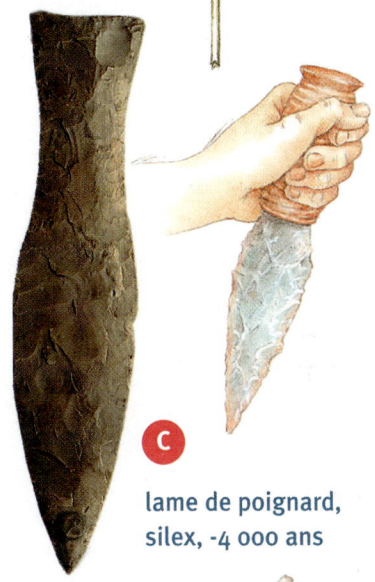

C
lame de poignard,
silex, -4 000 ans

D
racloir, silex,
-30 0 000 ans

E
harpon,
bois de renne,
-300 000 ans

- En quoi le poignard est-il plus perfectionné que le galet aménagé ?
- Pourquoi n'a-t-on pas retrouvé les manches en bois des outils de cette page ?
- Que faut-il pour lancer la flèche ?
- Classe les outils de cette page dans l'ordre chronologique, du plus ancien au plus récent.

La première période de la Préhistoire, qui va de l'apparition de l'homme à 8000 av. J.-C. environ, s'appelle le Paléolithique, ce qui signifie « époque de la pierre ancienne » (pierre taillée).

4

le Paléolithique
La maîtrise du feu

1 Les foyers de Terra Amata
Silex brûlés, -380 000 ans

○ Sur la carte 1 de l'atlas, situe Terra Amata.

○ Quel élément de cette photographie montre que les hommes qui vivaient ici durant la Préhistoire faisaient du feu ?

● À quoi sert le feu ?

● En quoi représente-t-il un progrès pour les hommes ?

● Pourquoi a-t-on retrouvé plusieurs couches de vestiges dans ce site ?

● Pourquoi ce « musée » se trouve-t-il sous un immeuble moderne ?

En 1958, à Terra Amata, à Nice, on a effectué des fouilles au pied du mont Boron. On a alors retrouvé un site autrefois habité, qui comporte plusieurs couches de vestiges. La plus ancienne couche est datée de 380 000 ans. Il s'agit d'un campement dans lequel les hommes faisaient halte à certaines saisons. Il y avait une hutte ovale de 7 à 15 m de long, faite avec des poteaux et des piquets de bois entourés de pierres. Sur le sol, on a trouvé des vestiges de foyers avec des silex brûlés. Ce site a été consolidé : c'est aujourd'hui un musée consacré à la Préhistoire. Il se trouve sous un grand immeuble moderne.

Jacques Briard, Préhistoire de l'Europe, Éd. Jean-Paul Gisserot, coll. « Pour l'histoire », 1997.

La découverte du feu

Les archéologues ont découvert des traces de cendres, des os brûlés, des pierres éclatées par la chaleur dans différents lieux en Asie et en Europe (notamment en France) (**doc. 1 et carte 1 de l'atlas**). Ces vestiges prouvent qu'il y a 400 000 ans au moins les *Homo erectus* faisaient du feu.

Les archéologues ne savent pas avec certitude comment les hommes préhistoriques faisaient du feu : peut-être ont-ils d'abord recueilli des braises lors des incendies de forêts provoqués par la foudre. Ensuite, ils ont sans doute découvert comment produire une étincelle en frottant des pierres ou des morceaux de bois (**doc. 2**). Plus tard, ils ont aménagé des foyers, abrités du vent par des pierres.

Les usages du feu

Le feu a profondément changé la vie des hommes :
– Il leur a fourni de la lumière, et la chaleur nécessaire pour résister au froid.

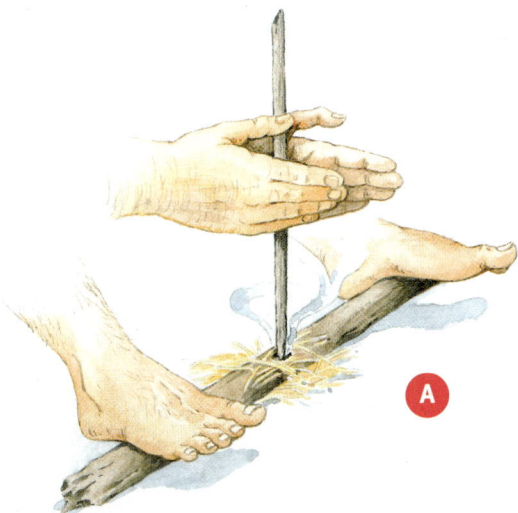

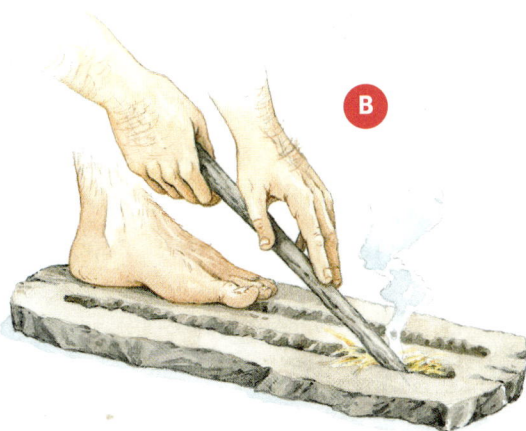

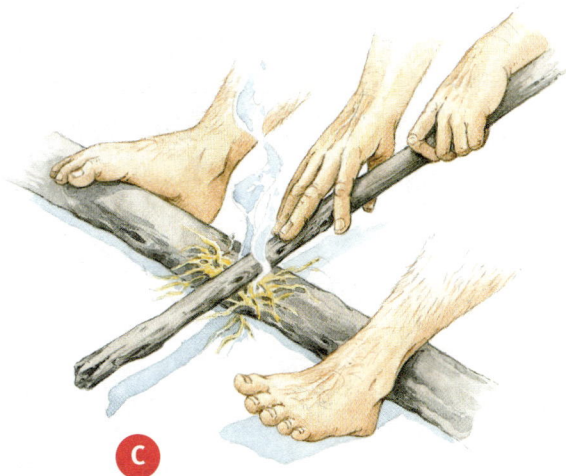

Décris chacune de ces manières de faire du feu.

Laquelle de ces méthodes te semble la plus simple ? la plus rapide ? Justifie ta réponse.

– Il leur a permis d'éloigner les bêtes sauvages en entretenant en permanence un foyer allumé.

– Il a servi à cuire les aliments : grillades sur des braises ou sur des pierres chauffées, viandes rôties à la broche… La cuisson a donné un goût nouveau aux aliments et a détruit certains germes, rendant les aliments plus comestibles et permettant de mieux les conserver.

– Le feu a contribué à la fabrication d'outils de plus en plus perfectionnés. Par exemple, les lances de bois devenaient plus dures quand elles étaient passées à la flamme ; les silex et les outils en os chauffés pouvaient être mieux aiguisés.

– Enfin, le feu a contribué à rassembler les hommes et à les faire vivre en groupes : ils se réunissaient autour du foyer pour communiquer et échanger.

LEXIQUE

un foyer : un endroit où l'on fait du feu.

5 le Paléolithique
La vie des premiers hommes

La chasse, la pêche et la cueillette

Les hommes de la Préhistoire vivaient de la chasse, de la pêche et de la cueillette (**doc. 1**). Ils chassaient les chamois, les bisons, les mammouths et les rennes. Ils mangeaient la viande et fabriquaient des vêtements avec les peaux.

Ils pêchaient des saumons et des brochets dans les rivières, et cueillaient des fruits sauvages et des champignons.

Des populations nomades

Les hommes de la Préhistoire vivaient en petits groupes. Ils se déplaçaient sans cesse pour suivre le gibier : ils étaient nomades.

Durant les nuits d'hiver, qui étaient très rigoureuses, ils se réfugiaient dans des cavernes et des grottes.

Au printemps, ils suivaient le gibier dans d'autres régions. Ils construisaient alors des huttes provisoires en branchages et des tentes en peau d'animaux.

1 La vie quotidienne dans un campement de la Préhistoire

Reconstitution

- Décris ce que tu vois sur cette reconstitution.
- Quelles activités permettaient aux hommes de la Préhistoire de manger ?
- Quels matériaux utilisaient-ils pour fabriquer leurs huttes ?

2 La dame de Brassempouy >

Tête en ivoire de mammouth, Brassempouy, -36 000 ans, 4 cm, Musée des antiquités nationales à Saint-Germain-en-Laye

- Sur la carte 1 de l'atlas, situe Brassempouy.
- Que manque-t-il sur le visage de cette femme ?
- Dans quel matériau cette sculpture a-t-elle été réalisée ?

3 Le bison sculpté >

Tête d'un propulseur, bois de renne, La Madeleine, -11 000 ans, 10 cm, Musée des antiquités nationales à Saint-Germain-en-Laye

- Sur la carte 1 de l'atlas, situe La Madeleine.
- Que fait le bison ?
- Dans quel matériau a-t-il été réalisé ?
- Que nous apprend-t-il sur la faune de la Préhistoire en France ?

Les débuts de l'art

Parmi les vestiges de la Préhistoire, les archéologues ont découvert des peintures, des gravures et des sculptures : ce sont les premières formes d'art (doc. 2 et 3).

Les premières tombes

Les chercheurs ont également découvert des tombes datant de la Préhistoire : les hommes de cette époque enterraient leurs morts.

LEXIQUE

un bison : un animal sauvage qui ressemble à un gros taureau avec une crinière.

le gibier : les animaux que l'on chasse pour les manger.

une hutte : une cabane en branchages ou en terre.

un mammouth : un animal de la Préhistoire qui ressemble à un éléphant poilu.

nomade : qui n'a pas d'habitation fixe et se déplace sans cesse.

6 Les premiers habitants de la France

< 1 Une pierre taillée
Pincevent

Ces éclats de pierre ont été retrouvés dans un campement préhistorique. Les chercheurs ont reconstitué comme un puzzle la pierre d'origine.

○ Sur la carte 1 de l'atlas, situe Pincevent.
○ Décris l'outil qui a été taillé (au centre du « puzzle »).
● L'outil a été abandonné au même endroit que les éclats : un indice sur la photographie te permet de comprendre ce qui s'est passé.

< 2 Une main peinte
Grotte Cosquer, -27 000 ans

Cette main constitue la plus ancienne représentation humaine découverte en France.

○ Sur la carte 1 de l'atlas, situe la grotte Cosquer.
● À ton avis, comment l'artiste a-t-il dessiné cette main ?

Des vestiges nombreux

La France possède de nombreux vestiges datant de la Préhistoire :
– des outils en pierre (**doc. 1**), dont certains ont 950 000 ans ;
– des ossements (les plus anciens vestiges humains d'Europe ont été retrouvés en France, près de Tautavel : ils ont 450 000 ans) (**carte 1 et chronologie A de l'atlas**) ;
– des vestiges de campements et des traces de foyers, comme à Terra Amata (**doc. 1 p. 26**) ;
– des tombes qui datent d'il y a 100 000 ans, à La Chapelle-aux-Saints et à La Ferrassie ;
– des sculptures comme celle de Brassempouy ;
– des peintures qui datent d'il y a 35 000 à 15 000 ans, dans les grottes Chauvet, Cosquer (**doc. 2**) et la grotte de Lascaux…

Des peuples successifs

Ces vestiges témoignent que des peuples successifs ont habité en France depuis près d'un million d'années.

B. LE SOURD

3 La grotte de Tautavel Reconstitution

Les hommes de Tautavel choisissaient les lieux dans lesquels ils s'installaient.
Par exemple, cette caverne les abritait du vent et du froid, elle se trouvait près d'un point d'eau
et était située en hauteur, ce qui leur permettait de guetter le gibier.

- Sur la carte 1 de l'atlas, situe Tautavel.
- Sur la chronologie A de l'atlas, trouve à quelle époque les hommes de Tautavel vivaient.
- Décris cette scène et ce que font les différents personnages.
- À quelle saison cette scène est-elle représentée ? Justifie ta réponse.

Ils révèlent également l'évolution de ces peuples au fil du temps.
– Les « hommes de Tautavel » (des *Homo erectus*) vivaient il y a 450 000 ans **(doc. 3)** dans le sud de la France. Ils menaient une vie rude, chassaient les chamois, les mouflons, les bisons, les daims et les cerfs, étaient nomades et s'abritaient dans des grottes en hiver.
– Il y a 350 000 ans, d'autres *Homo erectus* vivaient en France. Ils ont réalisé des progrès considérables dans la fabrication des outils : racloirs, grattoirs, pointes, couteaux, bifaces…
– Les hommes de Néandertal (des *Homo sapiens*) vivaient il y a 100 000 ans environ et enterraient leurs morts.
– Les hommes de Cro-Magnon (des *Homo sapiens sapiens*) vivaient il y a 35 000 ans ; ils nous ressemblent beaucoup, mais leur mode de vie était encore très différent du nôtre.
On ne sait pas d'où ces différents groupes venaient, comment ils se sont succédé et comment ils ont disparu.

7 l'art, source de l'histoire
Les peintures pariétales

Sur les parois de certaines grottes, les hommes de la Préhistoire ont réalisé des peintures qui comptent parmi les premières formes d'art.

A

1 Des animaux

Pech-Merle, -15 000 ans (A)
Grotte Chauvet, -35 000 ans (B)

Les hommes préhistoriques représentaient les animaux qu'ils connaissaient.

○ Sur la carte 1 de l'atlas, situe Pech-Merle et la grotte Chauvet.
○ Quels animaux sont représentés sur ces deux peintures ?
○ Observe la peinture page 18 : quels animaux sont représentés ?
● Que nous apprennent ces peintures rupestres sur la faune en France durant la Préhistoire ?

B

2 Des hommes

Lascaux, -20 000 ans (C)

Les hommes préhistoriques ont rarement représenté les humains.
Voici l'une des rares peintures retrouvées en France qui représente un homme.

C

○ Sur la carte 1 de l'atlas, situe Lascaux.
○ Dans quelle position cet homme se trouve-t-il ?
○ Quel animal se trouve face à lui ? A quoi le reconnais-tu ?
● À ton avis, que s'est-il passé ?
● Qu'est-ce que cette peinture nous apprend sur la vie des hommes préhistoriques ?
● À quel vestige déjà vu dans ce manuel la sagaie à tête d'oiseau de cette peinture te fait-elle penser ?

B. LE SOURD

3 Des techniques élaborées

Reconstitution

Pour peindre en hauteur, les hommes préhistoriques
construisaient des échafaudages avec des troncs d'arbres.
Les grottes étaient sombres et ils s'éclairaient avec des lampes alimentées en graisse de renne.
Ils traçaient d'abord les contours puis coloriaient leurs dessins.
Ils fabriquaient eux-mêmes leurs peintures : le noir avec du charbon ;
l'ocre, le brun, le rouge, l'orange et le jaune avec des pierres et des végétaux broyés.
Ils peignaient avec leurs doigts, avec des tampons de feuilles et de fourrure
ou en soufflant dans des tubes en os.

○ Décris cette reconstitution
et raconte ce que fait chaque personnage.

○ Quelles couleurs ont été utilisées
pour les peintures des pages 18 et 32 ?

LEXIQUE

rupestre, pariétal : peint ou gravé sur la roche.

8 les vestiges, sources de l'histoire
Les progrès de l'outillage

Les vestiges plus récents de la Préhistoire (à partir de 8000 av. J.-C.)
sont ceux d'outils non plus seulement taillés dans la pierre, mais aussi polis.

1 Des outils en pierre polie

A. Hache de combat, Suède, Musée historique de Stockholm
B. Hache en pierre, manche en bois de cerf, France, 2500 ans av. J.-C.
C. Hache à tête d'élan, Suède, Musée historique de Stockholm
D. Anneau en jadéite, Bretagne, Musée des antiquités nationales
de St-Germain-en-Laye

Les outils en pierre polie offraient une plus grande précision, un meilleur tranchant.

A

B

C

D

● À quoi sert chacun de ces outils ?
● En quoi le polissage des pierres est-il un progrès
  par rapport à la simple taille ?

La seconde période de la Préhistoire,
celle durant laquelle les hommes ont poli leurs outils,
commence vers 8000 av. J.-C. environ.
On l'appelle le Néolithique, ou « époque de la pierre nouvelle » (pierre polie).

2 Un polissoir

Après avoir taillé grossièrement les outils, les hommes préhistoriques les polissaient en les frottant longuement contre une pierre dure appelée « polissoir ».

technique A

technique B

○ Lequel des deux outils posés sur le polissoir est seulement taillé ? Lequel est poli ?

● À l'aide des deux reconstitutions, décris le mouvement qu'il fallait faire pour polir les outils ?

● Laquelle de ces deux techniques te paraît la plus facile à utiliser ? Justifie ta réponse.

● Pourquoi y a-t-il des sillons sur le polissoir ?

○ Sur la chronologie A de l'atlas, situe le Néolithique dans le temps : quand a-t-il commencé ? Quand s'est-il achevé ? A-t-il duré plus ou moins longtemps que le Paléolithique ?

9 le Néolithique
Les débuts de l'agriculture

1 Des outils agricoles en pierre

Meule en pierre, Europe, 3000 av. J.-C.
Faucille en silex, manche en bois de cerf,
Europe, 3000 av. J.-C.

- À quoi ces outils servaient-ils ? Comment les utilisait-on ?
- Dans quels matériaux ont-ils été fabriqués ?
- Que nous apprennent-ils sur les nouvelles activités à la fin de la Préhistoire ?
- Pourquoi a-t-on retrouvé les manches en bois de cerf et pas les manches en bois ?

Le Néolithique

Durant le Néolithique, les hommes ont commencé à cultiver certaines plantes et à domestiquer des animaux. L'agriculture et l'élevage sont alors devenus leurs principales activités, la chasse, la pêche et la cueillette devenant des activités complémentaires.

L'élevage

Dans des enclos près de leurs habitations, les hommes du Néolithique élevaient des moutons, des porcs, des bœufs (**doc. 2**), des chèvres, plus tard de la volaille. Ces animaux fournissaient de la viande, du cuir, du lait et de la laine. Les chiens étaient élevés pour les aider à la chasse.

Les cultures

Les hommes ont d'abord cultivé des céréales : de l'orge, du blé et du seigle au Moyen-Orient et autour du bassin méditerranéen, du millet en Afrique. Puis ils ont cultivé des pois, des lentilles et des fèves, ainsi que du lin pour en faire du tissu.
Ils ont fabriqué de nouveaux outils et perfectionné leurs techniques. Ils défrichaient des

2 L'élevage en Afrique

Peinture rupestre de Tassili, Algérie, 3000 av. J.-C., 2 mètres

○ Sur la carte 2 de l'atlas, situe Tassili.
○ Quels animaux étaient élevés dans cette région ?
● L'agriculture et l'élevage existaient-ils durant le Paléolithique ?
● En quoi représentent-ils un progrès par rapport à la chasse et la cueillette ?

terrains avec des haches (page 34). Ils retournaient le sol avec une houe, puis ont inventé l'araire tiré par des bœufs. Avec le bâton à fouir, ils remuaient la terre et creusaient des trous pour planter les graines. La faucille servait à moissonner et la meule à moudre le grain pour en faire de la farine (doc. 1).

La diffusion du savoir

Les progrès n'ont pas commencé partout en même temps (carte 2 de l'atlas) : l'agriculture est apparue au Moyen-Orient vers 8000 av. J.-C., en Afrique et à l'est du bassin méditerranéen vers 6000 av. J.-C., et s'est propagée vers l'ouest. Elle a atteint le sud de notre pays vers 5000 av. J.-C.

10 le Néolithique
Les débuts de l'artisanat

La poterie

Vase et plat en terre cuite, cuillère en bois,
2200 av. J.-C., Charavines

- À quoi servaient ces objets ?
- En quoi la poterie représente-t-elle un progrès ?
- Pourquoi faisait-on cuire les poteries ?

La poterie

Pendant longtemps, les hommes de la Préhistoire ont utilisé des récipients naturels : des cornes d'animaux, des coquillages, des morceaux d'écorce, des pierres creuses... Vers 6000 av. J.-C., ils ont découvert qu'en cuisant, l'argile devenait solide.

Ils ont alors fabriqué des récipients pour transporter, stocker et cuisiner les aliments : bols, bouteilles, plats... **(doc. 1)**.

Progressivement, ils ont amélioré leurs techniques : ils ont construit des fours de cuisson pour l'argile, mis au point le tour à potier et décoré les céramiques.

Le tissage

Les hommes de la Préhistoire ont d'abord porté des vêtements faits avec les peaux des bêtes qu'ils chassaient. Ils les ont nouées, puis cousues avec des aiguilles en os et des lanières de cuir, des nerfs et des tendons d'animaux, du crin de cheval...

L'agriculture et l'élevage leur ont permis de disposer de nouveaux matériaux : le coton et le lin qu'ils cultivaient, la laine des moutons

2 Le tissage ∨

Peigne à tisser en buis, 2500 av. J.-C., Charavines

Ce peigne témoigne que les hommes qui vivaient à Charavines il y a 4500 ans environ connaissaient le tissage.

- À quoi sert un peigne à tisser ?
- Où les tisserands de la Préhistoire trouvaient-ils le coton, le lin et la laine qu'ils tissaient ?
- Pourquoi trouve-t-on peu de vestiges des vêtements de la Préhistoire ?
- En quoi les vêtements tissés représentent-ils un progrès par rapport aux vêtements en peaux ?

3 La vannerie ∨

Fond de panier, 2500 av. J.-C., Charavines

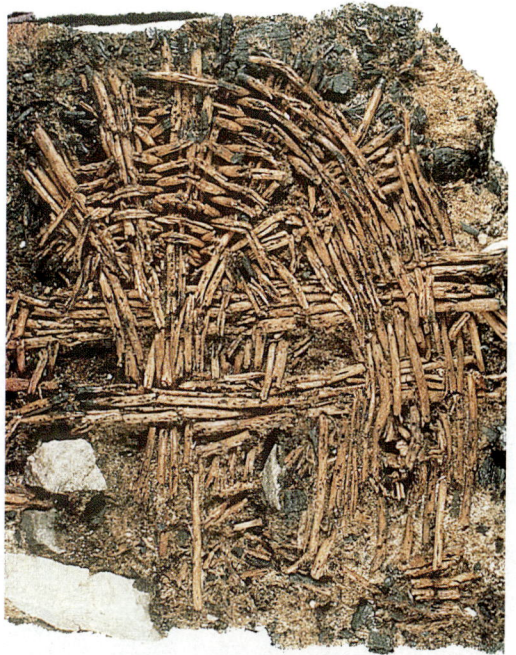

- À quoi ce panier pouvait-il servir dans la vie quotidienne des hommes de la Préhistoire ?
- Pourquoi est-il si abîmé ?
- Qu'est-ce que les vestiges de cette double page nous apprennent sur les progrès effectués à la fin de la Préhistoire ?
- La plupart des objets de cette double page ont été retrouvés à Charavines, un village de la fin de la Préhistoire : sur la carte 1 de l'atlas, situe Charavines.

---

de leurs troupeaux. Ils ont alors trouvé comment filer, tisser le fil et fabriquer les premiers tissus (**doc. 2**). Plus tard, ils ont découvert comment les teindre pour leur donner de belles couleurs.

Un artisanat varié

À la fin de la Préhistoire, les hommes ont considérablement développé l'artisanat. Les artisans fabriquaient des paniers en osier (**doc. 3**) ; ils taillaient le bois pour en faire des couverts (**doc. 1**) et toutes sortes d'objets utiles au quotidien…

LEXIQUE

un artisan : une personne qui fabrique des objets avec des outils simples.

l'artisanat : la fabrication d'objets avec les mains ou avec des outils simples.

la céramique : la poterie.

l'osier : le rameau d'un arbre, que l'on peut tresser et tisser.

un tisserand : un artisan qui pratique le tissage.

la vannerie : le travail de l'osier.

11 le Néolithique

La sédentarisation des hommes

1 Les premières maisons

Reconstitution d'une maison datant de 4000 av. J.-C., Cambous

Les premières maisons étaient en bois, en pierre ou en terre retenue par des poteaux de bois. Certaines étaient perchées sur des pilotis. Les toits étaient recouverts de chaume ou de feuillage.

- Sur la carte 1 de l'atlas, situe Cambous.
- Quels matériaux ont été utilisés pour la construction de cette maison ?
- En quoi cet habitat représente-t-il un progrès par rapport aux huttes du Paléolithique ?
- Pourquoi n'a-t-on pas retrouvé cette maison et a-t-on dû la reconstituer ?

Les premiers villages

À partir de 5000 av. J.-C., les hommes ont cessé d'habiter dans des huttes précaires et sont devenus sédentaires : ils ont bâti des maisons près de leurs champs (**doc. 1**). Dans certaines régions, les maisons étaient construites sur pilotis, pour protéger leurs habitants des inondations et des animaux sauvages.

Les hommes se sont regroupés en villages. Les plus grands villages comptaient une centaine de maisons.

Une vie plus confortable

La pratique de l'agriculture et de l'élevage a permis aux hommes de produire la nourriture dont ils avaient besoin : ils ne dépendaient plus des hasards de la chasse et de la cueillette.

Leur alimentation est devenue plus variée : céréales, lentilles, pois... en plus de la viande, du poisson et des baies sauvages.

Chacun s'est progressivement spécialisé dans une activité : les uns cultivaient la terre, d'autres étaient artisans et fabriquaient

2 La vie quotidienne à la fin de la Préhistoire Reconstitution

Il y a 5 000 ans, environ 500 personnes vivaient dans le village de Charavines.
Les nombreux vestiges que l'on y a découverts ont permis de reconstituer la vie de ses habitants.

des outils, des poteries ou des tissus…
Les hommes ont ainsi perfectionné les techniques propres à chaque métier (doc. 2).

○ Sur la carte 1 de l'atlas,
situe Charavines.

○ Sur la reconstitution ci-dessus,
décris les activités de chaque personnage.

● Dans cette reconstitution,
retrouve des vestiges
que l'on a réellement découverts.
(Pour répondre, aide-toi des photographies
des pages 34 à 39)

● Quels éléments ont été imaginés
par les historiens et par le dessinateur ?

● Cite trois progrès effectués
durant le Néolithique.

LEXIQUE

des pilotis : des poteaux plantés dans la terre sur lesquels on a construit une maison.

sédentaire : qui a une habitation fixe (par opposition à nomade).

la sédentarisation : le fait de devenir sédentaire.

12 les vestiges, sources de l'histoire
Les mégalithes de Carnac

Durant le Néolithique, les hommes ont construit des monuments en pierre. Ces mégalithes avaient sans doute une signification religieuse.

1 Les menhirs de Carnac

À Carnac, on a trouvé environ 3 000 pierres plantées dans le sol, alignées sur 34 rangées. Certaines pierres ont une hauteur de 7 à 10 mètres et pèsent plusieurs tonnes.

○ Sur la carte 1 de l'atlas, situe Carnac.

● Pourquoi les archéologues sont-ils certains que ces pierres ne sont pas là par hasard mais qu'elles ont été installées par des hommes ?

2 Le dolmen de Keriaval à Carnac

Les dolmens ont été construits pour abriter les morts. Ce sont des tombes collectives que l'on recouvrait d'un monticule de terre ou de pierres.

● Quelle est la différence de forme entre un menhir et un dolmen ?

● Pourquoi n'a-t-on pas retrouvé les pierres et la terre qui recouvraient ce dolmen ?

3 Le transport des menhirs >
Reconstitution

A

B

C

D

Pendant longtemps, on s'est demandé comment les hommes de la Préhistoire avaient transporté et mis en place les mégalithes. En effet, certains blocs pèsent plusieurs tonnes : ils n'ont pas pu être transportés par un seul homme. Les archéologues pensent que les hommes préhistoriques les faisaient rouler sur des troncs d'arbres.

Décris les étapes supposées de la mise en place d'un menhir.

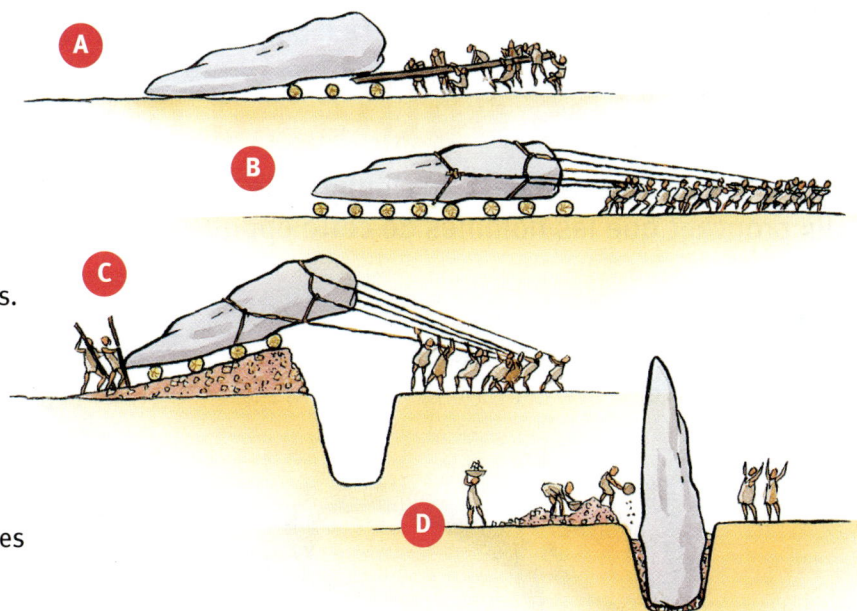

E

F

G

H

< 4 La construction des dolmens
Reconstitution

Pour construire un dolmen, les hommes installaient d'abord les « pieds » (E). Puis ils les recouvraient sans doute de terre (F) pour hisser la grosse pierre horizontale (G), avant de dégager la terre (H) et de les recouvrir de pierres.

LEXIQUE

aligné : placé en ligne droite.

un dolmen : un monument constitué d'un ou de plusieurs blocs de pierre, qui a la forme d'une table.

un mégalithe : un monument de pierre.

un menhir : un monument constitué d'une seule pierre, dressée verticalement.

un monument : une construction intéressante.

religieux : qui a rapport à la croyance en un ou plusieurs dieux.

43

13 les vestiges, sources de l'histoire
Des outils en métal

Parmi les vestiges récents du Néolithique, on trouve des objets en métal.
Ils prouvent que les hommes de cette époque avaient découvert la métallurgie.

1 Des objets de parure ∨
A. Épingle à vêtement en bronze, 1500 av. J.-C.
B. Collier en bronze, 100 av. J.-C.

2 Des outils pour l'agriculture ∨
C. Hache en bronze sans manche, 2000 av. J.-C.
D. Hache en cuivre avec manche, France, 2000 av. J.-C.
E. Faucille en fer, 800 av. J.-C.

○ À quoi ces objets servaient-ils?
● Aurait-on pu les fabriquer dans de la pierre?

3 Des armes >

F. Pointe de lance en bronze, 1500 av. J.-C.
G. Étendard de guerre en bronze, 1800 av. J.-C., Mésopotamie, Musée du Louvre à Paris
H. Poignard en bronze, 2000 av. J.-C

F

G

H

○ À quoi ces différents objets servaient-ils ?
● D'après ces objets, quelle activité nouvelle est apparue à la fin du Néolithique ?

4 Des objets d'art ∨

Char solaire de Trundholm, bronze et feuille d'or, Musée national de Copenhague, 1500 av. J.-C., 60 cm

● Que représente ce char, avec cette boule dorée ?

14 Les débuts de la métallurgie

1 Four traditionnel de forgeron
Côte d'Ivoire

Ce four est construit selon une méthode traditionnelle si ancienne, que l'on peut penser que les forges de la Préhistoire ressemblaient à celle-ci.

○ Décris les différentes parties de ce four.
○ Quels matériaux ont été utilisés pour le construire ?

2 Un métier respecté

Depuis les temps les plus reculés, le travail du forgeron était, en Afrique centrale, un rituel important : le forgeron était considéré comme un maître. Les chefs étaient choisis parmi les forgerons. Les habitants prétendaient que c'était un dieu qui leur avait enseigné l'art de fondre le fer, de le forger et d'en faire tous les instruments dont on a besoin, soit pour l'agriculture, soit pour la guerre, soit pour les usages ordinaires.

D'après Théophile Obenga,
Les Bantu, Présence africaine, 1985

○ De quand date ce texte ?
● Son auteur a-t-il vécu au temps de la Préhistoire ?
○ De quelle partie du monde parle-t-il ?
○ Quels éléments montrent que le travail du fer était important et respecté en Afrique centrale ?

Le travail des métaux

Environ 8000 ans av. J.-C. au Moyen-Orient, les hommes ont découvert comment utiliser les métaux qu'ils trouvaient dans le sol, d'abord en les martelant, puis en les faisant fondre (**doc. 1 et 3**).
Ils ont d'abord utilisé l'or, le cuivre et l'étain, puis ils ont fabriqué un alliage résistant en mélangeant le cuivre et l'étain : le bronze. Ils ont découvert le fer plus tard : au cours du 1er millénaire av. J.-C.

De nouveaux outils

Le métal permettait de fabriquer toutes sortes d'objets. Il a d'abord servi à confectionner des bijoux et des objets de décoration, puis des outils, enfin des armes (**pages 44-45**).
La métallurgie représente un progrès important : les outils en métal sont plus solides et plus précis que les outils en pierre ; leur fabrication est plus facile (**doc. 2**) et il est possible de les réparer, ce qui n'est pas le cas des outils en pierre.

La diffusion du savoir

Les forgerons ont longtemps gardé leur savoir secret (**doc. 2**), et la métallurgie s'est répandue lentement : en Afrique et en Europe méditerranéenne à partir de 4000 av. J.-C. Elle a atteint la Corse vers 3500 av. J.-C et le sud de la France vers 3000 av. J.-C.

3 **Les forgerons** Reconstitution

Les forgerons façonnent un modèle dans la cire puis l'enveloppent de glaise pour former un moule. Ils y versent du métal fondu, qui fait ressortir la cire. Lorsque le métal est refroidi, ils cassent le moule et sortent l'outil qu'ils polissent pour ôter les imperfections.

○ Que font ces différents personnages ?

● Compare ce mode de fabrication des outils avec la taille des outils en pierre : en quoi est-il plus facile ? plus rapide ? plus précis ? En quoi permet-il de réparer les outils ?

L'Antiquité

De 3000 avant Jésus-Christ à 476 après Jésus-Christ

L'invention de l'écriture
et de la métallurgie
marque la fin de la Préhistoire
et le début de l'Histoire.
Celle-ci commence par une période
appelée l'« Antiquité ».

SOMMAIRE

1	L'invention de l'écriture	50
2	les écrits, sources de l'histoire Les débuts de l'Histoire	52
3	Les premières villes	54
4	Les premiers États	56
5	Rome et son empire	58

La Gaule celtique

6	Les populations premières de la Gaule	60
7	les écrits, sources de l'histoire Les écrits sur les Gaulois	62
8	La Gaule celtique: paysans et artisans	64
9	La Gaule celtique: guerriers et commerçants	66
10	La conquête de la Gaule par les Romains	68
11	les reconstitutions, sources de l'histoire? Alésia, 52 avant Jésus-Christ	70

La Gaule romaine

12	La romanisation de la Gaule	72
13	les vestiges, sources de l'histoire Nîmes, ville gallo-romaine	74
14	La vie quotidienne des Gallo-Romains	76
15	Les dieux de la Gaule	78
16	Un seul dieu: le christianisme	80
17	La christianisation de l'Empire romain	82
18	La fin de l'Empire romain	84

Bas-relief égyptien, tombe de Ti, Saqqara,
vers 2500 avant Jésus-Christ

1 L'invention de l'écriture

1 Une écriture très ancienne

Tablette de calcaire creusée, Mésopotamie, 3000 av. J.-C., Musée du Louvre à Paris

Dans cette très ancienne écriture, chaque signe représente un mot. La main désigne un propriétaire, les encoches sont des chiffres... Chaque signe a été sculpté à la main dans la pierre.

○ Sur la carte 3 de l'atlas, situe la Mésopotamie.
○ Quels signes reconnais-tu ?
● Imagine comment on a gravé cette tablette d'argile.

L'invention de l'écriture

Environ 3500 ans avant Jésus-Christ, au Proche-Orient (**carte 3 de l'atlas**), les hommes ont inventé l'écriture. Elle servait à compter, à garder en mémoire des renseignements importants et à transmettre des informations.

Au début, les hommes utilisaient des dessins qui représentaient les objets désignés : un épi pour désigner le blé, une tête de bœuf pour désigner un bœuf (**doc. 1 et 2**)...

La révolution de l'alphabet

Pour écrire plus rapidement et plus facilement, les hommes ont progressivement simplifié l'écriture : les signes qu'ils utilisaient étaient de plus en plus rapides à tracer et ressemblaient de moins en moins à ce qu'ils désignaient.

Mais pour maîtriser l'écriture, il fallait connaître des milliers de signes. Vers 1100 av. J.-C., les habitants de la Phénicie (**carte 3 de l'atlas**) ont inventé un code simple : l'al-

2 Les hiéroglyphes égyptiens ∨

Stèle de Nefertiabet, calcaire, vers 2500 av. J.-C., Musée du Louvre à Paris

L'écriture de l'Égypte se composait d'environ 600 signes appelés « hiéroglyphes ». La plupart représentaient les choses qu'ils désignaient. Ici, les signes qui se trouvent sous la table indiquent que cette femme possédait des oies (représentées par une tête), des pains (représentés par un cône orange, comme ceux posés sur la table), des bœufs (représentés par deux têtes).

○ Sur la carte 3 de l'atlas, situe l'Égypte.

● Cette écriture est-elle plus ou moins facile à lire que la nôtre ?

4 L'alphabet phénicien >

Inscription sur un sarcophage phénicien

L'alphabet a été inventé par les Phéniciens, vers 1100 av. J.-C. Chaque signe (appelé « lettre ») représentait un son.

○ Sur la carte 3 de l'atlas, situe la Phénicie.

● Quels signes ressemblent aux lettres de notre alphabet (tourne le livre dans tous les sens) ?

● Combien de lettres notre alphabet comporte-t-il ?

phabet, composé de 22 signes (doc. 3). Cette écriture était beaucoup plus facile à apprendre et à utiliser.

Les Phéniciens ont transmis l'alphabet aux peuples vivant autour de la Méditerranée, notamment aux Grecs, qui l'ont ensuite apporté dans notre pays vers 600 av. J.-C.

Puis ils ont utilisé des tablettes de calcaire et fabriqué des tablettes d'argile, légères et faciles à graver, qu'ils faisaient cuire pour les rendre solides.

Plus tard, ils ont fabriqué des feuilles à partir de végétaux (**photographie page 48**).

De la pierre au papier

Les hommes ont d'abord écrit sur des pierres qu'ils gravaient, ce qui était long et difficile.

> **LEXIQUE**
>
> **un alphabet** : un système d'écriture simplifié, dans lequel chaque lettre représente un son.

2 les écrits, sources de l'histoire
Les débuts de l'Histoire

Le passé postérieur à la naissance de l'écriture est beaucoup mieux connu que la Préhistoire, grâce aux nombreux écrits que l'on a retrouvés.

1 Des sources précieuses

Le paysan passe sa journée à tailler ses outils. Il passe sa nuit à fabriquer des cordes. Pendant plusieurs jours, il réclame au berger des bœufs pour labourer sa terre. Quand il les obtient enfin, il rentre chez lui avec les bêtes mais, au matin, elles ont disparu. Il passe trois jours à les chercher et finit par les trouver. Mais elles n'ont plus de harnais : le chacal l'a grignoté. Le paysan doit courir en chercher un autre.

Quand il peut enfin cultiver sa terre, il travaille sans relâche. Il sème des céréales, mais le serpent le suit et détruit la semence jetée sur le sol. Pas un seul grain ne germe. Le paysan recommence son travail trois fois.

Les vers dévorent la moitié de sa récolte, l'hippopotame engloutit le reste, quand ce ne sont pas les souris qui abondent dans les champs, les sauterelles qui pleuvent du ciel, ou les moineaux qui sont un désastre.

D'après d'anciens manuscrits égyptiens, vers 2000 av. J.-C.

○ Sur la carte 3 de l'atlas, situe l'Égypte.

○ Que nous apprend ce texte sur le travail des paysans en Égypte il y a 4 000 ans ?

○ En quoi leur vie était-elle difficile ?

○ Quelle technique de labourage employaient-ils ?

● Parmi les informations fournies par ce texte, cites-en une que des vestiges pourraient nous apprendre.

● Cites-en une que l'on ne peut connaître que par des écrits.

Les enfants de Spartes (en Grèce) étaient élevés tous ensemble. On leur apprenait à n'être dégoûtés par rien, à ne pas trembler quand il fait noir, à ne faire aucun caprice. Ils apprenaient la discipline. Ils devaient obéir, supporter la fatigue, savoir se battre.

Ils dormaient sur des paillasses qu'ils préparaient eux-mêmes en cassant des branchages avec leurs mains, sans outil. Pour manger, ils volaient. Les plus forts rapportaient du bois pour cuire les aliments, les plus petits des légumes. Si on les surprenait pendant qu'ils volaient, ils étaient battus et privés de repas.

Un enfant, qui avait volé un petit renard, l'avait caché sous son manteau et, pour ne pas être pris, l'avait laissé lui mordre et lui griffer le ventre : il n'avait rien dit et avait tenu bon jusqu'à en mourir.

D'après Plutarque, Ier siècle ap. J.-C.

○ Sur la carte 3 de l'atlas, situe la Grèce.

○ Que nous apprend ce texte sur l'éducation des enfants il y a 2 000 ans ?

● Parmi ces méthodes d'éducation, lesquelles ressemblent aux nôtres ? Lesquelles sont différentes ? Que penses-tu de cette façon d'élever les enfants ?

● Parmi les informations fournies par ce texte, cites-en une que des vestiges pourraient nous apprendre.

● Cites-en une que l'on ne peut connaître que par des écrits.

Je reste peu à la maison, car ma femme s'occupe de tout ce qui concerne l'intérieur, et elle le fait très bien. Quand je me suis mariée avec elle, elle ne savait rien. Elle avait à peine 15 ans. Dans son enfance, elle avait été étroitement surveillée pour qu'elle ne voie rien, n'entende rien et pose le moins de questions possible. On pensait qu'il était suffisant qu'elle sache filer la laine pour en faire des vêtements et qu'elle sache distribuer leurs tâches aux domestiques.

D'après Xénophon, IVe siècle av. J.-C.

○ Que nous apprend ce texte sur l'éducation et la vie des femmes en Grèce il y a 2500 ans ?

● Que penses-tu de cette situation ?

● Explique en quoi les écrits sont des sources précieuses pour l'historien.

2 Des temps différents selon les lieux

On considère que l'Antiquité commence lorsqu'il existe des documents écrits sur une société. L'Antiquité n'a donc pas commencé partout en même temps.
Cette carte présente quelques lieux dans lesquels on a retrouvé des vestiges très anciens d'écriture.

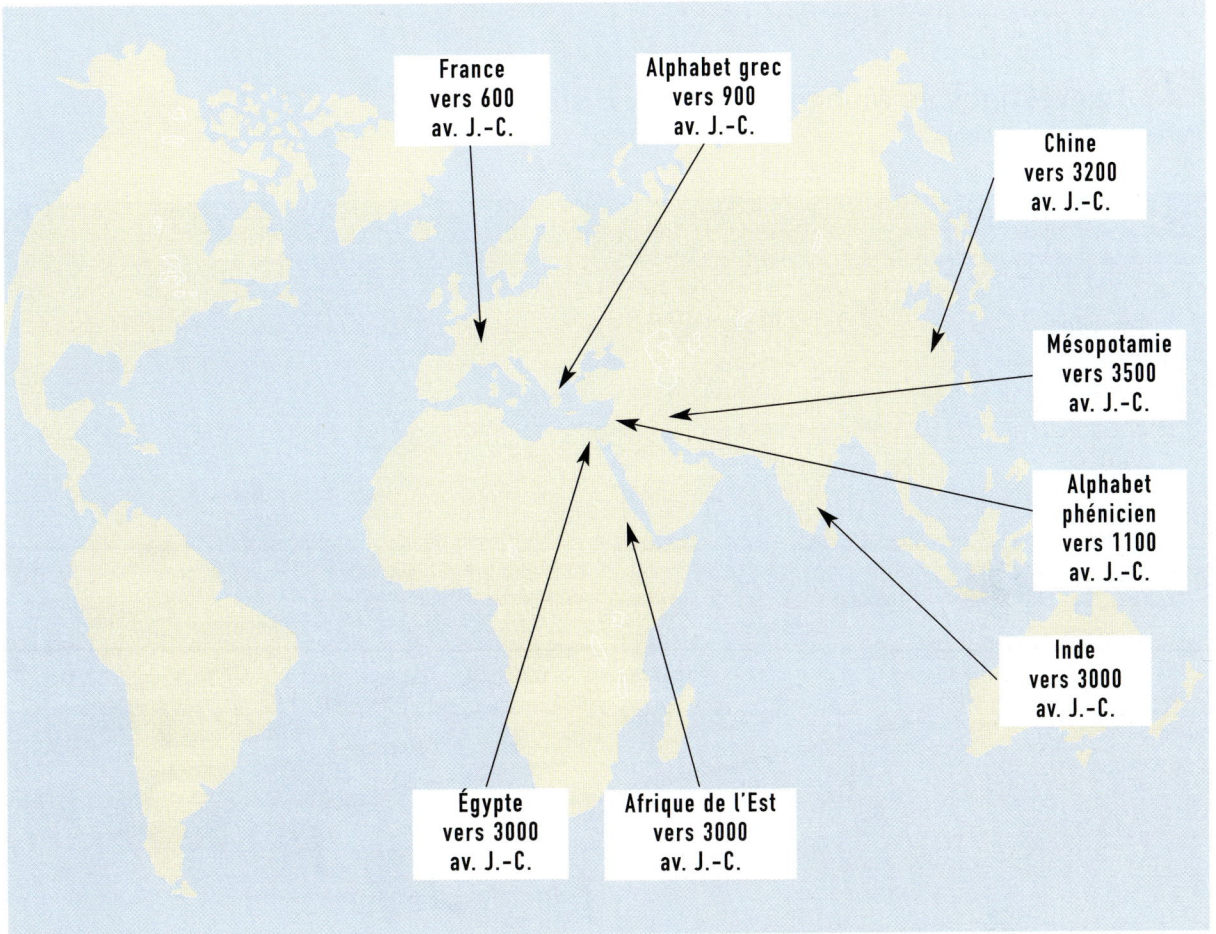

France
vers 600
av. J.-C.

Alphabet grec
vers 900
av. J.-C.

Chine
vers 3200
av. J.-C.

Mésopotamie
vers 3500
av. J.-C.

Alphabet
phénicien
vers 1100
av. J.-C.

Inde
vers 3000
av. J.-C.

Égypte
vers 3000
av. J.-C.

Afrique de l'Est
vers 3000
av. J.-C.

○ Nomme une région du monde qui a connu l'écriture avant la Grèce ; après la Grèce.
○ L'Antiquité avait-elle déjà commencé en France au début de notre ère ? Justifie ta réponse.

3 Déchiffrer les écritures anciennes

Tombe d'Horemheb,
Thèbes, 1314 av. J.-C.

Pour utiliser les sources écrites, les historiens doivent connaître l'écriture utilisée. Or certaines écritures ont été oubliées. Ainsi, les hiéroglyphes égyptiens sont longtemps demeurés un mystère pour les chercheurs. Ce n'est qu'au XIXᵉ siècle que le savant Champollion a réussi à les déchiffrer, perçant ainsi le mystère de la fabuleuse civilisation de l'Égypte antique.

3 Les premières villes

1 Les vestiges de Mohenjo Daro, XXIVᵉ siècle av. J.C.
Pakistan (Moyen-Orient)

bassin pour les bains publics

monument religieux

○ Décris ce paysage : les rues, les bâtiments, les matériaux utilisés...

● À ton avis, pourquoi cette ville n'est-elle plus habitée aujourd'hui ?

Les premières villes

À la fin de la Préhistoire et au début de l'Antiquité, la population a beaucoup augmenté et les villages ont grossi jusqu'à devenir de petites villes.

Les villes les plus anciennes dont les archéologues ont retrouvé des vestiges se trouvaient au Moyen-Orient (**doc. 1**) : vers 3000 av. J.-C., la Mésopotamie en comportait une vingtaine. D'autres villes ont ensuite été construites autour du bassin méditerranéen (Égypte, Grèce, Palestine, Afrique) et en Orient.

Dans notre pays, les premières villes sont apparues au cours du Iᵉʳ millénaire av. J.-C. et surtout au début de notre ère (**doc. 2**).

○ Sur la carte 5 de l'atlas, situe Vaison-la-Romaine.
● À quoi vois-tu que cette ville est plus développée que les villages préhistoriques ?

L'organisation des villes antiques

Les habitants des villes étaient des artisans, mais aussi des agriculteurs qui travaillaient sur les terres proches. Ils se sont progressivement organisés : un chef ou un groupe de chefs était chargé de maintenir l'ordre ; des fortifications protégeaient la ville des éventuelles attaques des autres peuples.

LEXIQUE

des fortifications : des murs destinés à protéger un lieu contre les attaques ennemies.

une ville : un groupe d'habitations rassemblant plus de 2000 habitants.

4 Les premiers États

1 Un roi

Prince de Lagash et de Goudéa, Mésopotamie, vers 2150 av. J.-C., Musée du Louvre à Paris

○ Décris l'habillement et la coiffe de ce prince.

● À ton avis, pourquoi n'y avait-il pas de prince durant la Préhistoire ?

2 Athènes : la première démocratie

Chez nous, les affaires publiques sont aux mains du plus grand nombre. C'est le plus grand nombre qui décide, car nous sommes une démocratie. Tout citoyen, même pauvre, a la possibilité de rendre service au pays. Nous vivons en liberté. Nous obéissons aux magistrats et aux lois.

D'après Thucydide, Vᵉ siècle av. J.-C.

3 Les premières lois

Si quelqu'un accuse un homme de meurtre, mais ne peut prouver ce qu'il dit, il sera tué. Si quelqu'un crève l'œil de quelqu'un d'autre, on lui crèvera l'œil. Si un homme frappe la joue d'un autre homme, il payera 500 grammes d'argent.

D'après les lois d'Hammourabi, Mésopotamie, vers 1750 av. J.-C.

La naissance des premiers États

Les plus grandes villes ont étendu leur autorité sur les villages environnants ou se sont unies pour accroître leur puissance : ainsi sont apparus les premiers États, au Moyen-Orient et à l'est du bassin méditerranéen (en Égypte, en Grèce…) (**carte 3 de l'atlas**).

Le pouvoir

Des hommes qui vivaient éloignés les uns des autres se sont mis à reconnaître et respecter l'autorité d'un même homme ou d'un même groupe d'hommes qui, le plus souvent, se trouvait loin de chez eux.

Les royaumes étaient dirigés par des rois successifs (comme en Mésopotamie et en Égypte), issus de la même famille (**doc. 1**).

En revanche, au Vᵉ siècle av. J.-C., Athènes en Grèce était une démocratie (**doc. 2**) : le pays était dirigé par les habitants, qui votaient pour donner leur avis sur les affaires de l'État. Ceux qui détenaient le pouvoir décidaient des règles que les habitants devaient respecter pour vivre ensemble : ce furent les premières lois (**doc. 3**).

4 **Des fonctionnaires** ∧
Scribe égyptien, bas-relief, Saqqara, 2 500 av. J.-C.

Les fonctionnaires sont chargés de transmettre les ordres du prince et notent toutes les informations dont il a besoin pour prendre des décisions justes.

○ D'après cette photographie et celle de la p. 48, dans quelle position les scribes écrivaient-ils ?
○ Quel matériel utilisaient-ils ?

5 **Une armée** ∧
Figurines, 1500 av. J.-C., Musée égyptien du Caire
● À quoi sert une armée ?

6 **Une monnaie** >
Monnaie romaine en argent, 24 av. J.-C.

● Comment peut-on faire du commerce sans monnaie ?
● En quoi l'invention de la monnaie a-t-elle permis le développement du commerce ?

Les fondements de l'autorité

Pour leur bon fonctionnement, les États avaient besoin :
– de fonctionnaires, chargés de recueillir les informations nécessaires et de transmettre les ordres (**doc. 4**) ;
– d'une armée, chargée de maintenir l'ordre à l'intérieur du pays et surtout de le défendre contre d'éventuels ennemis (**doc. 5**).
L'invention de la monnaie a permis de développer le commerce avec des régions de plus en plus lointaines (**doc. 6**).

5 Rome et son empire

1 La fondation légendaire de Rome

Bronze étrusque, ve siècle av. J.-C., hauteur 75 cm, musée du Capitole à Rome

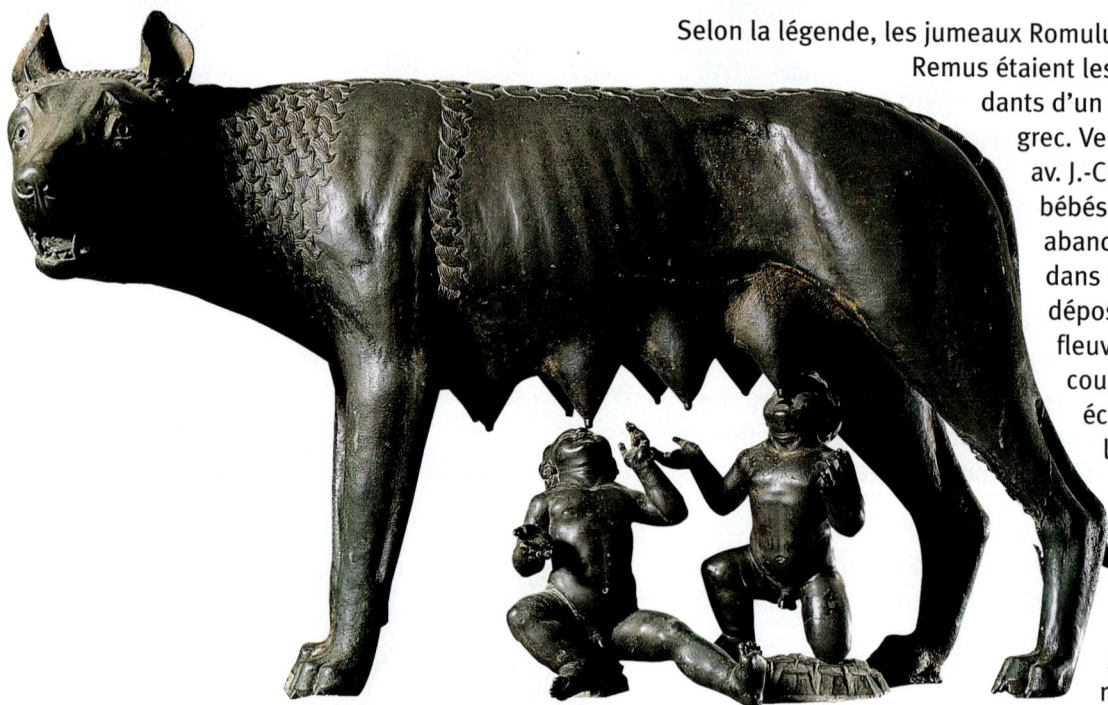

Selon la légende, les jumeaux Romulus et Remus étaient les descendants d'un prince grec. Vers 800 av. J.-C., les deux bébés ont été abandonnés dans un panier déposé sur un fleuve. Leur couffin s'est échoué sur la rive. Une louve les a allaités jusqu'à ce que des bergers les recueillent.

Romulus voulait fonder la ville sur la colline du Palatin, tandis que Remus préférait l'Aventin. Ils discutèrent et en vinrent aux mains. Les colères dégénérèrent en luttes meurtrières. Dans la bagarre, Remus tomba, frappé à mort. Romulus resta donc seul maître. Après sa fondation, la ville prit le nom de son fondateur.

D'après Tite-Live, Histoire romaine, Ier siècle av. J.-C.

- Sur la carte 3 de l'atlas, situe Rome en Italie.
- À quoi vois-tu que l'histoire de la louve est une légende ?
- Pourquoi Romulus et Remus se sont-ils disputés ?
- Qui fut finalement le fondateur de Rome ?
- D'où vient le nom de la ville ?

La fondation de Rome

Rome est une ville du centre de l'Italie (**carte 3 de l'atlas**). La légende raconte qu'elle fut fondée en 753 av. J.-C. (**doc. 1 et chronologie B de l'atlas**). En quelques siècles, elle est devenue un État puissant.
Les Romains se sont alors lancés à la conquête de nouveaux territoires, en Italie puis dans des régions de plus en plus lointaines.

Les conquêtes romaines

L'armée romaine était bien organisée et disciplinée ; elle suivait une stratégie précise (**doc. 2**). Cela la rendait supérieure à ses ennemis, qui combattaient dans le désordre. Les Romains ont donc remporté des victoires éclatantes. À la fin du Ier siècle av. J.-C., ils dominaient tout le pourtour de la Méditerranée (**carte 3 de l'atlas**).

2 L'armée romaine Reconstitution

L'armée romaine était divisée en légions comprenant chacune 4 000 soldats.
Chaque légion était divisée en bataillons, comprenant des soldats et un chef de légion.
Pour se protéger, l'armée établissait un camp entouré de murs de protection et d'un fossé.
Pendant les combats, les bataillons se décalaient, comme les cases d'un damier.

- Décris l'équipement de ce légionnaire romain.
- Décris le campement en arrière-plan.
- Pourquoi l'armée romaine était-elle efficace ?
- Sur la carte 3 de l'atlas, situe et nomme les territoires conquis par les Romains.

L'Empire romain

Les territoires conquis par Rome constituaient un immense empire. Les empereurs successifs rétablirent la paix dans toutes les régions et développèrent l'agriculture, l'artisanat et le commerce.

Pendant plus de quatre siècles, l'Empire romain connut une grande prospérité. Les Romains répandirent leur culture, leur langue (le latin), leur mode de vie et leur organisation dans les territoires qu'ils contrôlaient, notamment en Gaule.

LEXIQUE

un empire : des territoires dirigés par un empereur.

une légion : un groupe de soldats romains.

la prospérité : la richesse, la réussite.

6 la Gaule celtique
Les populations premières de la Gaule

1 Une maison celte en Gaule Reconstitution ∨

Les maisons gauloises comportaient une seule pièce qui servait de cuisine, de chambre et d'atelier pour certains travaux comme le tissage.

habitation

grenier à grains

○ À ton avis, les Celtes étaient-ils installés durablement en Gaule ou étaient-ils nomades ?

2 La fondation de Marseille

Vers le début du VIe siècle, de jeunes Grecs arrivèrent dans un golfe au sud de la Gaule. Séduits par la beauté du lieu, ils allèrent retrouver le roi de la région pour lui demander l'autorisation de fonder une ville sur son territoire. Ce jour-là, le roi était occupé à préparer le mariage de sa fille Gyptis. Conformément à la coutume, celle-ci devait choisir son mari pendant le repas de noce. Le roi convia les Grecs au mariage. Pendant le repas, le roi dit à sa fille d'offrir de l'eau à celui qu'elle choisissait comme mari. Elle se tourna vers les Grecs et présenta l'eau à Protis. Celui-ci devint donc le gendre du roi et reçut un emplacement pour fonder sa ville, Marseille, non loin de l'embouchure du Rhône.

D'après Justin, IIe siècle

Les populations anciennes

Au début de l'Antiquité, la France était occupée par des populations sans État, descendant des hommes de la Préhistoire, sur lesquelles on sait peu de chose : les Basques et les Ibères dans le Sud-Ouest, les Ligures dans le Sud-Est… (**carte 4 de l'atlas**).

Les Celtes

Entre le IXe et le Ve siècle av. J.-C. (**chronologie B de l'atlas**), des Celtes, venus du centre de l'Europe, se sont installés dans l'Est et le Nord de la France.

Ils ont occupé des zones abritées : les boucles des rivières, les forêts, le sommet des collines…

Ils vivaient de la chasse et de la pêche et connaissaient la métallurgie.

Ils se sont progressivement installés sur tout le territoire (**doc. 1**) et se sont mélangés aux populations déjà présentes, auxquelles ils ont transmis leur langue et leur manière de vivre.

3 Le vase de Vix

Vase grec en bronze, Bourgogne,
VIᵉ siècle av. J.-C., 1,64 m de hauteur,
208 kg, musée de Châtillon-sur-Seine

Le vase de Vix est le plus grand vase
de bronze connu. Il a probablement
été fabriqué par des artisans grecs.
On l'a retrouvé dans la tombe
de la princesse celte de Vix,
morte en 480 av. J.-C.
Sa présence témoigne des échanges
entre les Grecs et les Celtes.

○ Sur la carte 4 de l'atlas, situe Vix.
● À quoi un tel vase pouvait-il servir ?

4 La société gauloise

En Gaule, il y a deux classes d'hommes importantes : celle
des druides et celle des chevaliers.
Les druides s'occupent des affaires religieuses. Ils ins-
truisent les jeunes. Si un meurtre est commis, s'il y a une
dispute au sujet d'un héritage ou des limites d'un terrain,
ils jugent et fixent les amendes. Ils ne vont pas à la guerre et
ne paient pas d'impôts.
Les chevaliers participent à la guerre. Chacun, en fonction de sa
richesse, rassemble autour de lui un nombre plus ou moins grand
de compagnons.
Les gens du peuple sont presque des esclaves. On ne leur demande jamais leur avis. Quand ils sont écrasés par leurs dettes ou par
les impôts, ils se mettent au service des nobles.

D'après Jules César, Guerre des Gaules, Iᵉʳ siècle av. J.-C.

○ Sur la carte 4 de l'atlas,
situe Marseille.
○ Comment s'appelle
le fondateur de la ville ?
○ D'où venait-il ?
○ Pourquoi a-t-il choisi
de construire un port
dans ce lieu ?
○ Comment a-t-il obtenu
l'autorisation de le faire ?

○ Quelles catégories dominaient la société gauloise ?
○ Quelles étaient les fonctions des druides ?
○ Pourquoi la vie des gens du peuple était-elle difficile ?
○ Quelle catégorie comprenait le plus de personnes ?

Les Grecs

Vers 600 av. J.-C., des Grecs venus d'Asie
Mineure se sont installés dans le Sud de la
Gaule (carte 4 et chronologie B de l'atlas).
En accord avec les populations déjà présentes, notamment les Celtes, ils ont déter-
miné leurs zones d'implantation.
Les Grecs ont apporté la culture de la vigne
et leur alphabet (doc. 2 p. 17). Ils ont fondé
des ports comme celui de Marseille (doc. 2
et carte 4 de l'atlas), pour pratiquer le commerce avec les autres peuples installés autour
de la mer Méditerranée, en particulier les
Celtes (doc. 3).

La naissance de la Gaule

Autrefois, la France s'appelait la Gaule. La
société gauloise était composée de trois catégories de personnes (doc. 4) : les prêtres
(appelés « druides »), les chevaliers qui faisaient la guerre, et les gens du peuple, paysans et artisans.

7 les écrits, sources de l'histoire
Les écrits sur les Gaulois

1 Des sources précieuses

On a retrouvé des écrits datant de l'Antiquité qui sont des témoignages intéressants sur la vie des premiers habitants de notre pays, alors appelé la Gaule.

Les Gaulois ont une passion pour les bijoux. Ils aiment se couvrir d'or ; ils portent des colliers autour du cou et des cercles d'or aux bras et aux poignets. Les dignitaires portent des vêtements teints et pailletés d'or.

D'après Strabon, Ier siècle av. J.-C. - Ier siècle ap. J.-C.

Les Celtes ont pour armes des boucliers de la hauteur d'un homme, avec des ornements variés, notamment des animaux. Ils se coiffent de casques en bronze qui leur donnent une apparence gigantesque.

Dans les voyages et les batailles, ils utilisent des chars à deux chevaux qui portent le conducteur et, à son côté, un combattant debout. Ils se lancent contre les cavaliers adverses en jetant des javelots puis descendent des chars et continuent le combat à l'épée.

D'après Diodore de Sicile, Ier siècle av. J.-C.

○ Que nous apprennent ces deux textes sur les Gaulois ?
○ Lequel de ces deux textes parle de torque comme celui de la page 63 ?
● Lequel de ces deux textes est le plus ancien ?

2 Des sources parfois inexactes

L'historien doit regarder les sources écrites avec un esprit critique. Ce que l'auteur a écrit n'est pas toujours totalement exact.

Les Gaulois sont grands, blancs avec des cheveux blonds. Ils les relèvent des tempes vers le sommet de la tête. Leurs cheveux sont si épais que l'on dirait une crinière de cheval. Les guerriers se rasent les joues mais laissent pousser leurs moustaches au point que leur bouche en est cachée : lorsqu'ils mangent, leur moustache est pleine d'aliments et lorsqu'ils boivent, la boisson passe à travers comme dans un filtre.

D'après Diodore de Sicile, vers 100 av. J.-C.

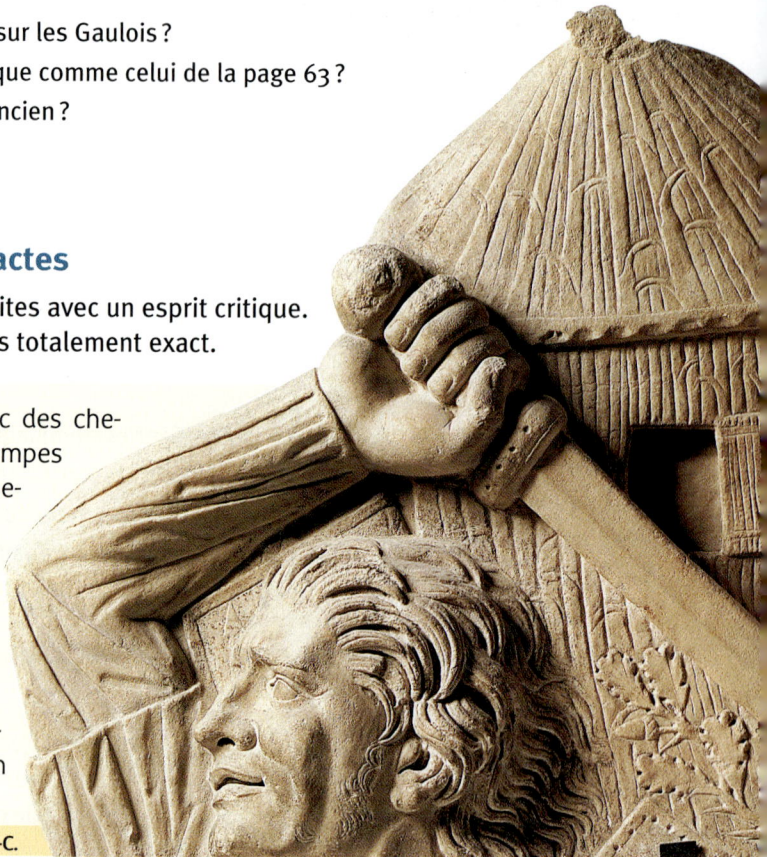

Bas-relief, IIe siècle après J.-C., musée du Louvre à Paris

○ Observe le guerrier gaulois sur ce bas-relief : ressemble-t-il à la description de Diodore de Sicile ?
● Diodore de Sicile vivait en Italie, où les gens sont bruns : en quoi cela a-t-il influencé sa description des cheveux des Gaulois ?
● Diodore de Sicile vivait dans un pays où les hommes se rasaient soigneusement : ils ne portaient ni barbe ni moustache. En quoi cela a-t-il influencé sa description des Gaulois ?
● Que peux-tu en conclure sur son témoignage ?

3 Des témoignages influencés

Les auteurs sont parfois influencés par leurs propres idées et exposent leurs opinions plus que les faits.
Par exemple, le pays de Strabon (l'Empire romain) était en guerre contre les Gaulois à l'époque où il a écrit ces lignes.

Les Gaulois sont passionnés par la guerre, ils se mettent vite en colère et aiment se battre. Si on les excite, ils se ruent tous ensemble à la bataille, sans se cacher et sans regarder à droite ni à gauche. Ils sont simples et très irré-fléchis, vantards, barbares et sauvages. La victoire les rend insupportables mais la défaite les plonge dans la stupeur.

D'après Strabon, Ier siècle av. J.-C. - Ier siècle ap. J.-C.

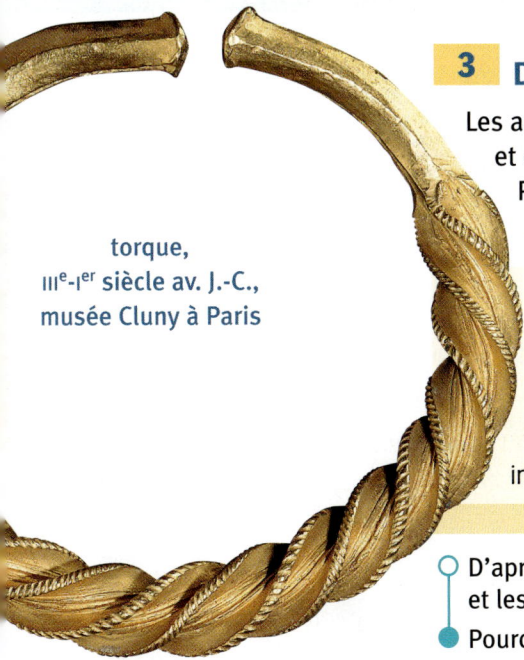

torque,
IIIe-Ier siècle av. J.-C.,
musée Cluny à Paris

○ D'après Strabon, quels sont les défauts et les qualités des Gaulois ?

● Pourquoi Strabon ne dit-il pas du bien des Gaulois ?

4 Des textes qui ne sont pas des sources historiques

Les textes écrits par des personnes qui n'ont pas vécu à l'époque des faits ne sont pas des sources historiques : certains sont très intéressants, mais tous sont une interprétation de l'histoire.

Plutôt que de prendre d'assaut le Capitole [une colline de Rome], les Gaulois décident de ruser. Une nuit, profitant de l'obscurité, quelques guerriers escaladent la paroi rocheuse. Ils progressent dans le plus grand silence. Au-dessus d'eux, les sentinelles se sont endormies. Même les chiens ne sentent rien, n'entendent rien. Déjà le premier assaillant s'est glissé sur le bord d'un créneau et fait signe à ses compagnons que tout est endormi et que la voie est libre. Mais c'est sans compter les oies sacrées qui vivent dans le Capitole. Ayant perçu une présence étrangère, elles se mettent à pousser des cris perçants qui alertent la garnison. Un Romain se précipite sur le guerrier gaulois et le pousse dans le vide. Il tombe en hurlant. Les assaillants sont rejetés en bas de la pente. Les Gaulois n'essayèrent plus jamais de prendre le Capitole.

D'après Jean-Pierre Adam, Alésia, Casterman, 1984

○ De quand date ce texte ?

○ Jean-Pierre Adam a-t-il vécu au temps des Gaulois ?

● Ce texte est-il une source de l'histoire ?

● Ce texte est-il faux ? Justifie ta réponse.

La France, notre patrie, était, il y a bien longtemps de cela, cou-verte de grandes forêts. La France s'appelait alors la Gaule et les hommes à demi sauvages qui l'habitaient étaient les Gaulois. Nos ancêtres les Gaulois étaient grands et robustes, avec une peau blanche comme le lait, des yeux bleus et de longs cheveux blonds ou roux qu'ils laissaient flotter sur leurs épaules. Ils aimaient avant tout le courage et la liberté. Ils se moquaient de la mort, se paraient pour le combat comme pour une fête. Leurs femmes, les Gauloises, nos mères dans le passé, étaient aussi courageuses qu'eux. Elles suivaient leurs époux à la guerre. Des chariots traî-naient les enfants et les bagages ; d'énormes chiens féroces escortaient les chars.

D'après G. Bruno, Le Tour de France par deux enfants, 1877

○ De quand date ce texte ?

● Quels éléments de ce texte reprennent des informations fournies par les textes de cette double page ?

● Quels éléments sont nouveaux ?

○ Pour G. Bruno, quelles sont les qualités des Gaulois ?

● Cite un passage qui te paraît certainement exagéré.

● À ton avis, quel est l'objectif de l'auteur ?

8 la Gaule celtique
Paysans et artisans

1 **Une moissonneuse** Bas-relief gaulois, Trévire, IIe siècle, musée Gaumais en Belgique, 1,50 m

L'âne pousse la moissonneuse.

La moissonneuse roule sur deux roues.

Le réservoir recueille les épis coupés.

Les dents coupent les épis.

Le paysan recule en redressant les épis.

● Dans quel sens la moissonneuse avance-t-elle ?
● Quels sont les avantages de la moissonneuse ?

Une agriculture riche

La Gaule était un pays riche, dont les habitants étaient en majorité éleveurs ou agriculteurs. Les uns élevaient des chevaux et des porcs. Les autres cultivaient la vigne et des céréales, comme le blé et l'orge.

Ils utilisaient des outils perfectionnés, telle la moissonneuse qui récolte les épis (**doc. 1**). Ils habitaient dans des villages. Leurs maisons étaient des huttes en bois et en argile, coiffées d'un toit de chaume.

D'habiles artisans

Les Gaulois comptaient parmi eux des artisans habiles dans le travail du bois et des métaux.

Ils fabriquaient des outils, des armes, des poteries, des objets en verre et de très beaux bijoux (**doc. 2**).

Les artisans gaulois ont inventé de nombreux objets que l'on utilise encore de nos jours, en particulier le tonneau (**doc. 3**) et le savon.

2 Des artisans talentueux v

Le savetier, bas-relief gallo-romain, IIe siècle,
Musée lapidaire de Saint-Rémi de Reims

○ Que fabrique le savetier?
│ Comment est-il installé?
│ Quels outils utilise-t-il?

3 Un artisanat délicat v

Vase en verre, IIe siècle, et urne en verre, IIe-IIIe siècle,
musée des Antiquités nationales, St-Germain-en-Laye;
pichet en verre, IIIe-IVe siècle, Musée archéologique de
Strasbourg

● Décris ces trois récipients.
│ En quoi témoignent-ils de l'habileté
│ des artisans gaulois?

4 Le tonneau, une invention des Gaulois v

Bas-relief gallo-romain, Cabrières d'Aygues, Ier siècle, Musée lapidaire d'Avignon

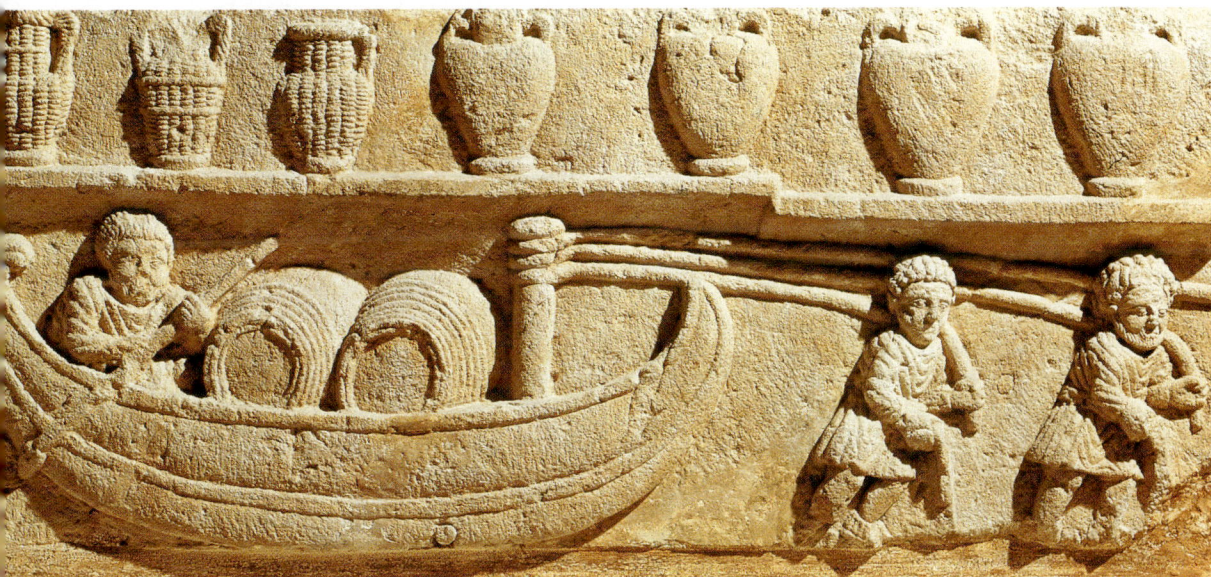

○ Qu'y a-t-il dans le bateau?
○ Que fait la personne qui se trouve dans le bateau?
○ Que font les deux personnes devant le bateau?

9 la Gaule celtique
Guerriers et commerçants

1 L'oppidum du mont Lassoix ⋁

○ Sur la carte 4 de l'atlas, situe l'oppidum de Lassoix.

○ Trouve et nomme deux autres oppidums.

● Pourquoi ce site a-t-il été choisi
(regarde la forme du terrain) ?

Une société guerrière

Les Gaulois parlaient tous la même langue mais ils étaient divisés en nombreuses tribus indépendantes, chacune dirigée par un chef et par des guerriers **(doc. 2)**.

Tour à tour, ces tribus s'affrontaient violemment, faisaient la paix ou s'alliaient contre des ennemis communs. En prévision des attaques, les tribus bâtissaient des forteresses appelées « oppidums » **(doc. 1 et carte 4 de l'atlas)**. Ces oppidums étaient installés dans des lieux peu accessibles : au sommet des collines, dans les boucles des rivières…

2 — Les armes gauloises

**Casque en bronze, Ier siècle av. J.-C.,
et épée en bronze, Xe siècle av. J.-C., Alésia,
Musée d'Antiquités nationales, St-Germain-en-Laye**

Les guerriers gaulois se protégeaient
d'un casque et d'un grand bouclier en bois,
avec une pièce centrale en métal.
Ils combattaient avec des épées et des lances.

○ Sur la reconstitution d'un guerrier gaulois
page 68, retrouve ces armes.

3 — Dans l'oppidum de Bibracte ∧

Reconstitution

Véritables places fortes, les oppidums étaient
généralement situés sur des hauteurs et protégés
par un haut mur, surmonté d'une palissade.
Avec leurs quartiers réservés aux artisans,
ils étaient aussi des lieux de commerce.

○ Sur la carte 4 de l'atlas, situe Bibracte.
○ Par quoi cet oppidum est-il protégé ?
○ Que font les différentes personnes représentées ?

Un commerce développé

Les Gaulois commerçaient avec les peuples
voisins. Ils leur vendaient des céréales, des
produits artisanaux et des esclaves, qu'ils
transportaient sur les fleuves et sur des pistes.
L'usage de la monnaie a permis le développement du commerce en Gaule (**doc. 3**).

LEXIQUE

un esclave : une personne qui appartient à un maître,
travaille pour lui, lui obéit et peut être vendue.
une forteresse : un lieu protégé des combats.
s'allier : s'unir à quelqu'un, le soutenir.
une tribu : un groupe de gens qui possèdent la même
langue, la même religion et obéissent à un chef.

10 La conquête de la Gaule par les Romains

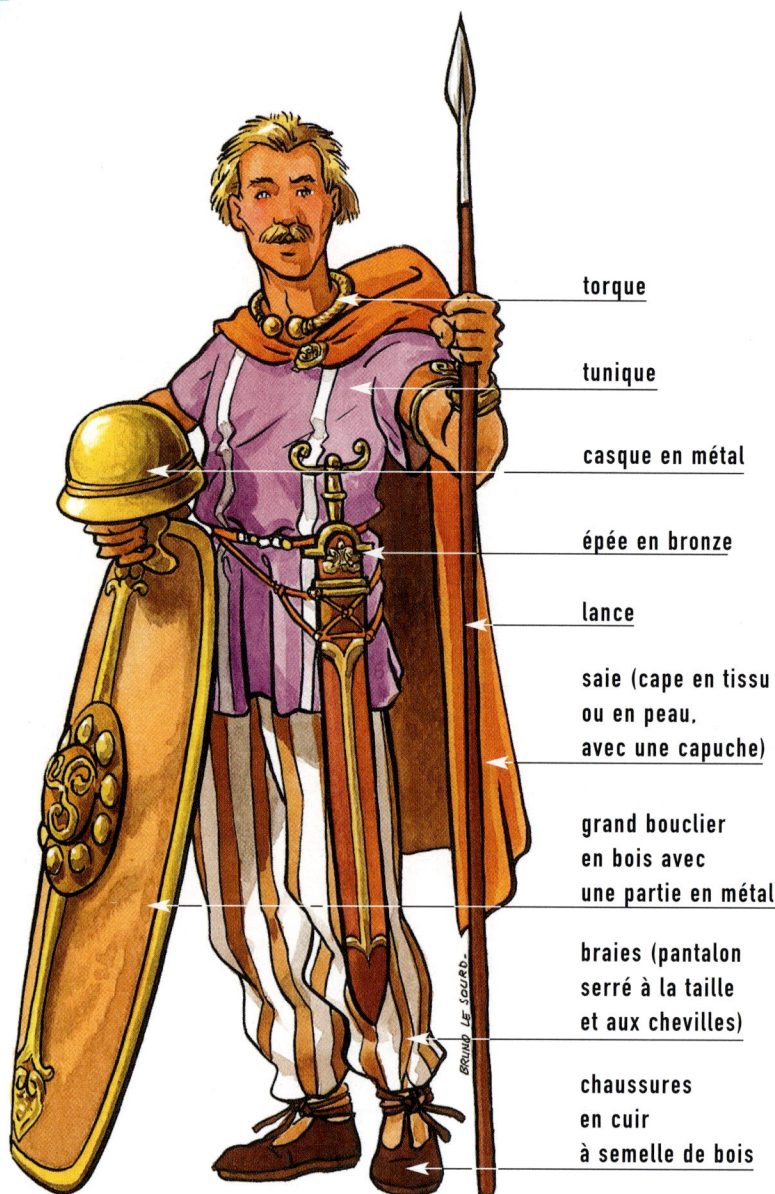

torque

tunique

casque en métal

épée en bronze

lance

saie (cape en tissu ou en peau, avec une capuche)

grand bouclier en bois avec une partie en métal

braies (pantalon serré à la taille et aux chevilles)

chaussures en cuir à semelle de bois

BRUNO LE SOURD

1 Un guerrier gaulois
Reconstitution

● Compare ce guerrier au guerrier romain de la page 59 : les vêtements, les armes...

2 L'appel à la révolte

Vercingétorix convoque les chefs. Il leur explique : « On doit priver les Romains de vivres et de fourrage ; l'ennemi sera obligé de partir. Il faut brûler les villes, de peur que les Romains en tirent des vivres.
Ces moyens semblent durs, mais il serait plus dur encore de voir nos femmes et nos enfants traités en esclaves et que nous soyons égorgés. »

D'après Jules César,
Guerre des Gaules, 52 av. J.-C.

○ Quelle est la tactique des Gaulois ?

Les premières conquêtes

Les Romains, qui pratiquaient le commerce avec les Gaulois, étaient attirés par les richesses de la Gaule. En 125 av. J.-C., l'armée romaine conquit la Narbonnaise, au sud de la Gaule, et en fit une province romaine (**carte 5 et chronologie B de l'atlas**).
Au Ier siècle av. J.-C., le général romain Jules César profita de la division entre les tribus gauloises pour conquérir d'autres territoires en Gaule.

César contre Vercingétorix

En 52 av. J.-C., plusieurs tribus gauloises se groupèrent sous l'autorité du chef de la tribu des Arvernes, Vercingétorix, pour lutter contre les Romains (**doc. 1 et 2**).
L'armée de César fut d'abord battue par les Gaulois à Gergovie (**carte 5 de l'atlas**).
Quelques semaines plus tard, elle bloqua l'armée de Vercingétorix dans l'oppidum d'Alésia (**doc. 3**).
Après un siège de deux mois, les Gaulois,

Les Romains ont construit des fortifications pour se protéger des attaques des Gaulois venus au secours des assiégés.

Les Romains ont construit d'autres fortifications pour empêcher les assiégés d'Alésia de sortir.

3 — Le siège d'Alésia en 52 av. J.-C. Reconstitution

○ Sur la carte 5 de l'atlas, situe Alésia.

● Pourquoi les Romains ont-ils remporté la bataille d'Alésia ?

affamés, furent contraints de se rendre et Vercingétorix fut emprisonné (doc. 4). La Gaule perdit son indépendance et devint une province romaine.

LEXIQUE

l'indépendance : la liberté, le fait de n'être soumis à aucune autorité.

le siège (d'une ville) : l'encerclement d'une ville par une armée pour obliger les habitants à se rendre.

4 — La défaite des Gaulois

Vercingétorix convoque l'assemblée : il déclare que, puisqu'ils sont vaincus, les Gaulois peuvent apaiser les Romains par sa mort ou le livrer vivant. On envoie une délégation à César. Il ordonne qu'on lui remette les armes, qu'on lui amène les chefs. On lui livre Vercingétorix, on jette les armes à ses pieds.

D'après Jules César, Guerre des Gaules, 52 av. J.-C.

○ Qui est l'auteur de ce texte ?

○ Que réclame-t-il après la défaite des Gaulois ?

11 les reconstitutions, sources de l'histoire ?
Alésia, 52 avant Jésus-Christ

Pour mieux comprendre le passé et mieux l'expliquer,
les historiens font faire des reconstitutions.

1 La forteresse d'Alésia : maquette et reconstitution grandeur nature

César fait creuser trois fossés et installer une palissade. Devant, il place de grandes fourches en bois. Le long de la palissade, il place des tours tous les 25 mètres. Devant les fossés se trouvent cinq rangs de troncs d'arbres et des branches taillées en pointe. Devant encore, il y a huit rangées de pieux, gros comme la cuisse, plantés dans un trou, la pointe vers le haut.

D'après Jules César, Guerre des Gaules, 52 av. J.-C.

A. Maquette, XIXᵉ siècle, Musée d'Antiquité nationale, St-Germain-en-Laye, 1 m 70 de long.
B. Reconstitution archéodrome de Bourgogne, grandeur réelle.

○ Sur ces deux reconstitutions et sur le dessin de la page 69, retrouve les éléments décrits par Jules César dans le texte ci-dessus.

● Pourquoi n'a-t-on pas reconstitué en grandeur nature la totalité de la forteresse ?

● Laquelle de ces trois reconstitutions te plaît le plus ? Pourquoi ?

● Ces reconstitutions sont-elles des sources de l'histoire ? Justifie ta réponse.

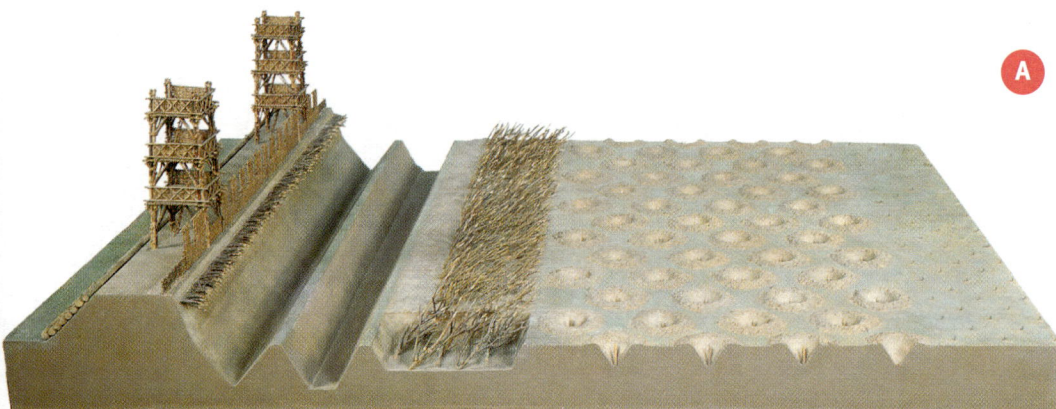

2 La reddition de Vercingétorix : écrit, tableau et bande dessinée

Le noble cœur de Vercingétorix n'hésita pas : il résolut de se livrer lui-même. Alors, se parant pour son sacrifice héroïque comme pour une fête, Vercingétorix, revêtu de sa riche armure, monta sur son cheval de bataille.

Il fit ouvrir les portes de la ville puis s'élança au galop jusqu'à la tente de César. Arrivé en face de son ennemi, il arrêta d'un coup son cheval, d'un bond saute à terre, jette aux pieds du vainqueur ses armes étincelantes d'or et, fièrement, sans un seul mot, attend immobile qu'on l'enchaîne.

Vercingétorix avait un beau et noble visage ; sa taille superbe, son allure altière, sa jeunesse produisirent un moment d'émotion dans le camp de César.

D'après G. Bruno, Le Tour de France par deux enfants, manuel scolaire, 1877.

- Ce texte est-il une source de l'histoire ?
- Quels éléments sont exagérés ? Quelle idée l'auteur cherche-t-il à faire passer ?
- Dion Cassius, un Romain proche de Jules César, était présent lors de la reddition de Vercingétorix. Il raconte que Vercingétorix implora le pardon de Jules César. Son récit est-il une source de l'histoire ? Est-il influencé par les idées de l'auteur ? Lequel de ces récits préfères-tu ?

Tableau de Lionel Royer (1852-1926), 1899, 4,82 m de largeur, musée Crozatier du Puy en Velay

Astérix et le bouclier arverne, René Goscinny, Albert Uderzo, 1re édition 1968, Les Éditions Albert René, 2001

- Quelle est la nature de ces deux reconstitutions ?
- Sur chaque reconstitution, quelle est l'attitude de Vercingétorix ? celle de Jules César ?
- Quel élément humoristique les auteurs de cette bande dessinée ont-ils introduit ?
- Quels éléments montrent que les auteurs de ces reconstitutions sont favorables à Vercingétorix ?

12 la Gaule romaine
La romanisation de la Gaule

1 Le pont du Gard
Pont romain, Ier siècle, 360 m de long, 48 m de hauteur

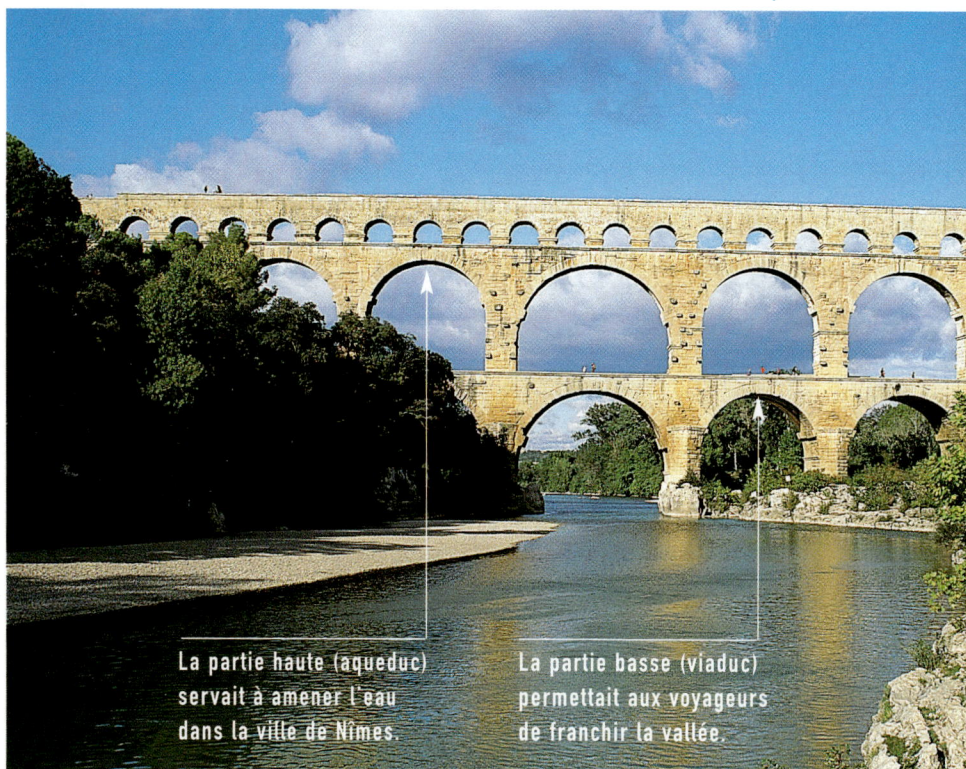

La partie haute (aqueduc) servait à amener l'eau dans la ville de Nîmes.

La partie basse (viaduc) permettait aux voyageurs de franchir la vallée.

- Sur la carte 5 de l'atlas, situe le « pont du Gard ».
- En quoi améliorait-il la vie quotidienne ?
- En quoi contribuait-il au développement du commerce ?

La Gaule après la conquête

Sous la domination romaine, la Gaule fut divisée en trois provinces : l'Aquitaine, la Celtique et la Belgique (**carte 5 de l'atlas**) en plus de la Narbonnaise, romaine depuis 125 av. J.-C.

Lyon devint la capitale des Gaules.

Les Romains rétablirent la paix entre les peuples gaulois. Ceux-ci durent payer un impôt, mais ils obtinrent le droit de conserver leurs coutumes.

Les Romains firent construire une ligne de fortifications pour protéger le territoire des invasions.

La Gaule, province romaine

Pour faciliter le déplacement des troupes, les Romains ont construit de larges routes pavées, des ponts et des ports (**carte 5 de l'atlas, doc. 1 et 3**).

Les Romains utilisèrent ces routes et les rivières navigables pour transporter les marchandises et développèrent le commerce en Gaule.

Les Romains ont construit des villes, avec des monuments comme des arènes, des théâtres, des cirques, des aqueducs qui alimentaient en eau les fontaines et les thermes, et des arcs de triomphe (**doc. 2**).

2 L'arc de triomphe d'Orange 26-27 ap. J.-C. ∨

Ce monument a été construit
en l'honneur des soldats
romains qui ont fondé
la ville d'Orange.

○ Sur la carte 5 de l'atlas,
situe Orange.
● Connais-tu un monument
qui ressemble à celui-ci ?

‹ 3 Borne
sur une route romaine
**Musée de la Civilisation romaine
à Rome**

Les Romains ont construit
90 000 kilomètres de routes
couvertes de dalles.
Tous les « milles »
(environ 1 500 mètres),
une borne indiquait
la distance avec Rome.

○ D'après les chiffres romains
inscrits sur cette borne,
combien de milles
la séparaient de Rome ?
● En quoi de telles routes
permettaient-elles
aux Romains
de contrôler leur empire ?
de développer le commerce ?
● Que signifie l'expression :
« Tous les chemins mènent
à Rome » ?

La citoyenneté romaine

Après la conquête romaine, un grand
nombre de Gaulois, surtout les habitants
des villes, adoptèrent le mode de vie des
Romains et se mirent à parler le latin : on les
appelait les « Gallo-Romains ».
Beaucoup aspiraient à devenir citoyens
romains, ce qui leur donnait le droit de posséder des terres, de voter et de devenir magistrats. Pour cela, ils devaient servir dans l'armée romaine ou obtenir une décision de
l'empereur. D'abord réservée à une élite, la
qualité de citoyen fut étendue à tous les
hommes libres au début du IIIe siècle.

LEXIQUE

un aqueduc : un canal qui amène l'eau.

un arc de triomphe : un monument en forme
d'arche qui commémore une victoire.

des arènes : un édifice, généralement circulaire,
dans lequel ont lieu des jeux.

un citoyen : une personne qui a des droits et des
devoirs par rapport à la société dans laquelle elle vit.

une élite : un petit groupe qui a des privilèges.

un magistrat romain : un fonctionnaire qui a une
certaine autorité.

la romanisation : l'adoption du mode de vie des
Romains.

les thermes : les bains publics.

13 les vestiges, sources de l'histoire
Nîmes, ville gallo-romaine

Les Gallo-Romains ont construit des villes sur le modèle de Rome.
Il en reste de nombreux vestiges dans le sud de la France, en particulier à Nîmes,

1 La tour Magne >
Ier siècle av. J.-C.,
32 mètres de hauteur

Pour protéger Nîmes,
les Gallo-Romains
l'ont entourée
d'un gigantesque mur
de 6 km de long
et de 9 mètres de hauteur.
80 tours de surveillance
étaient disposées
le long de ce mur.
La tour Magne
(dont le nom signifie
« grande tour »)
était la plus haute ;
elle a perdu un étage
au fil du temps.

○ Décris cette tour.

● À quoi vois-tu
qu'elle est très ancienne ?

● Compare cette tour
à celles présentes
dans les remparts d'Alésia
(pages 69 et 70) :
forme, matériaux...

< 2 Le castellum
Ier siècle, 5,90 m de diamètre

L'aqueduc de 50 km de long
qui passait par le pont du Gard
amenait l'eau jusqu'à Nîmes.
L'eau se déversait
dans ce bassin
appelé « castellum ».
De là, elle repartait
dans des tuyaux en plomb
vers les monuments,
les fontaines et les différents
quartiers de la ville.

● En quoi la présence
de ce bassin montre-t-elle
que les Gallo-Romains
menaient une vie
plutôt agréable ?

3   La Maison carrée >
Temple gallo-romain, Ier siècle

Ce temple a été construit
sur le modèle d'un temple
de Rome et était dédié
aux empereurs romains,
considérés comme des dieux.
Il se trouvait sur le forum,
une vaste place
au centre de Nîmes,
sur laquelle se tenait le marché.
Les Gallo-Romains s'y
rencontraient pour discuter
des affaires de la ville.
Il est le seul temple
de l'Antiquité demeuré
en parfait état de conservation.

- Qu'est-ce que la présence
  de ce temple nous apprend
  sur la religion
  des Gallo-Romains ?
- Connais-tu un monument
  qui lui ressemble ?

< 4   Les arènes
Ier siècle, 133 mètres de long

De nombreux spectacles,
dont des combats
de gladiateurs,
avaient lieu dans ces arènes.
Les gradins pouvaient accueillir
20 000 spectateurs.

- Où les gladiateurs
  se plaçaient-ils
  pour combattre ?
- Où les spectateurs
  s'installaient-ils
  pour regarder le combat ?
- Connais-tu
  un monument
  qui ressemble
  à ces arènes ?
- Que peut-on voir
  autour des arènes ?
- Fais des recherches
  pour savoir en quelle occasion
  les arènes de Nîmes sont
  encore utilisées de nos jours.
- Sur la carte 5 de l'atlas,
  situe Nîmes.
- Quels autres vestiges
  gallo-romains se trouvent
  dans la région ?

14 la Gaule romaine
La vie quotidienne des Gallo-Romains

1 Une villa romaine Reconstitution

Les fermes les plus riches étaient grandes, confortables et décorées avec soin.

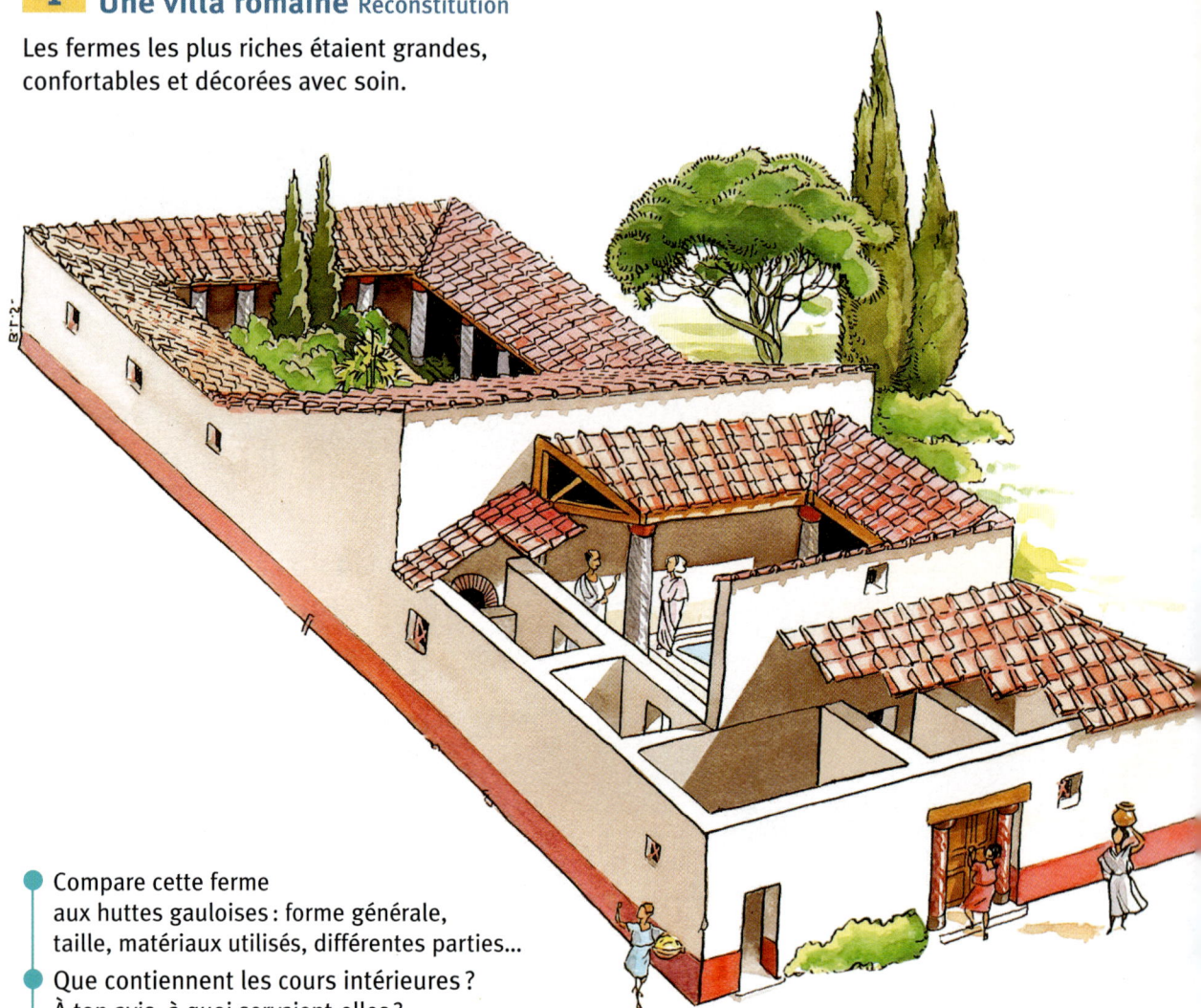

● Compare cette ferme aux huttes gauloises : forme générale, taille, matériaux utilisés, différentes parties...

● Que contiennent les cours intérieures ? À ton avis, à quoi servaient-elles ?

À la campagne

Dans les campagnes, les Romains ont encouragé la création de grandes fermes appelées « villas » (doc. 1). De riches propriétaires y produisaient du blé, du vin, des olives et des fruits, fabriquaient de l'huile et élevaient des animaux. Les produits étaient vendus à Rome. Comme avant la conquête romaine, les petits agriculteurs demeuraient nombreux. Ils cultivaient des céréales pour leurs propres besoins et élevaient quelques animaux.

À la ville

Les villes gallo-romaines étaient construites sur le modèle de Rome (pages 74-75).
Les petits artisans qui y vivaient conservèrent leur mode de vie et leur langue.
En revanche, les riches citadins adoptèrent le mode de vie des Romains. Ils parlaient le latin et portaient des toges (doc. 3). Ils assistaient aux spectacles dans les cirques (doc. 2) et se rendaient aux thermes pour y prendre des bains, pratiquer des activités sportives,

2 Les jeux du cirque ∧

Mosaïque, IIe siècle, musée de la Civilisation gallo-romaine à Lyon

Dans des arènes comme celles de Nîmes, les Gallo-Romains assistaient à des spectacles au cours desquels des gladiateurs combattaient ou affrontaient des animaux sauvages.

○ Décris ces « jeux du cirque » : les personnes, les animaux...

3 Un Gallo-Romain >

Statue funéraire, Vachères, Ier siècle, musée Calvet à Avignon

○ Décris l'habillement de ce Gallo-Romain.
○ Trouve dans le lexique comment s'appelle sa grande robe.

lire des livres et rencontrer leurs amis. Ils se réunissaient sur le forum pour discuter et organiser la vie de la ville.

LEXIQUE

un forum : une grande place au centre de la ville.

un gladiateur : un homme qui combat dans les cirques.

une toge : le vêtement porté par les citoyens romains.

une villa romaine : une grande ferme.

15 Les dieux de la Gaule

1 Toutatis, dieu protecteur de la tribu

Statue en bronze, Iᵉʳ siècle, Musée départemental de Beauvais

○ Décris Toutatis.
● Avec quoi pouvait-il protéger les tribus ?

2 Cernunnos, dieu de la végétation

Plaque de chaudron en argent, 70 cm, Iᵉʳ siècle, Musée national à Copenhague

Les croyances

Les peuples de la Gaule croyaient en l'existence de plusieurs dieux, dont beaucoup représentaient les forces de la nature. Ils les figuraient sous la forme d'hommes et de femmes, d'animaux, parfois sous des aspects terrifiants.

Toutatis (**doc. 1**), dieu de la Guerre, protégeait la tribu de tous les dangers. Cernunnos (**doc. 2**) était le dieu de la végétation. Les Gaulois pensaient qu'il provoquait le renouveau de la nature au printemps. Borvo était un dieu guérisseur et Épona une déesse protectrice des voyageurs et des cavaliers.

La religion

Les Gaulois pratiquaient leur religion dans des lieux qu'ils considéraient comme sacrés : près de certaines rivières et sources, près de certains arbres dans les forêts.

Les druides étaient des prêtres puissants et respectés. Ils pratiquaient les rites religieux, tels des sacrifices d'animaux (**doc. 3**). Chaque année, ils se réunissaient dans la forêt des

- Décris Cernunnos.
- À quoi vois-tu qu'il s'agit du dieu de la végétation ?
- Quels animaux se trouvent autour de lui ?
- Dans les leçons précédentes, qu'as-tu déjà appris sur la religion des Gaulois ?

3 Une cérémonie religieuse Reconstitution

Les cérémonies religieuses celtes étaient organisées par les druides.

- Décris cette reconstitution : le paysage, le moment de la journée, les personnes, ce qui se passe.
- À quoi reconnais-tu le druide ? Que fait-il ?
- Quels animaux ont été sacrifiés ?

Carnutes (**carte 3 de l'atlas**) pour rendre hommage à leurs dieux.

La religion gallo-romaine

Avec la romanisation, les Gaulois intégrèrent peu à peu les dieux romains (Jupiter, Vénus, Apollon…), en les associant à leurs propres dieux.

Leur religion ressembla de plus en plus à celle des Romains. En particulier, les Gallo-Romains vénéraient l'empereur romain comme un véritable dieu.

16 Un seul dieu : le christianisme

1 L'enseignement de Jésus

Sermon sur la montagne, miniature, manuscrit du XIIIe siècle, Bibliothèque Mazarine à Paris

Sur cette représentation, Jésus a plusieurs doigts levés, ce qui signifie qu'il est en train de prêcher. Ses proches disciples se trouvent à sa gauche et à sa droite : on les reconnaît à l'auréole de lumière autour de leur tête. Plus bas se trouve la foule. Pour transmettre l'émotion de certaines personnes, l'artiste les a représentées avec une main sur la poitrine. Pour illustrer le fait que certains adhèrent au message de Jésus, il les a représentés avec une main tendue ou un doigt pointé.

● Cette miniature est-elle une source de l'histoire ? Justifie ta réponse.

Une religion nouvelle

Parmi les peuples de l'Antiquité, les Hébreux, un peuple du Proche-Orient (**carte 3 de l'atlas**), étaient les seuls à croire en un dieu unique. Tombés sous la domination de l'Empire romain, ils attendaient la venue d'un *messie* (un sauveur) pour les délivrer. Au Iᵉʳ siècle de notre ère, un homme nommé Jésus de Nazareth parcourut la Palestine (**doc. 1**) en prônant un mode de vie nou-veau, fondé sur la fraternité entre les hommes (**doc. 2**).

Des Hébreux et d'autres virent en lui le *messie* attendu. Considéré comme un agitateur, Jésus fut condamné à mort et crucifié à Jérusalem.

L'essor du christianisme

Après sa mort, ses proches affirmèrent l'avoir vu vivant, preuve pour eux qu'il était bien

2 Un message de fraternité

Jésus dit :

Un homme descendait de Jérusalem à Jéricho, et il tomba au milieu de brigands qui, après l'avoir dévêtu et couvert de plaies, s'en allèrent, le laissant à demi mort.

Par hasard, un prêtre descendait par ce chemin et, le voyant, il passa outre.

De la même façon, un Lévite*, survenant en ce lieu et le voyant, passa outre.

Mais un Samaritain* qui était en voyage, arrivé près de lui et, le voyant, fut pris de pitié. Et s'avançant, il banda ses blessures, y versant de l'huile et du vin ; puis l'ayant fait monter sur sa bête, il l'amena à l'hôtellerie et prit soin de lui. Et le lendemain, tirant deux deniers, il les donna à l'hôtelier et dit : "Prends soin de lui, et tout ce que tu dépenseras en plus, c'est moi qui, lors de mon retour, te le rembourserai."

Jésus ajouta : « Faites de même. »

D'après la Bible, Luc, Ier siècle

* Les Lévites et les Samaritains étaient des Juifs habitant des régions différentes.

3 La diffusion du message de Jésus

Saint Paul dans la synagogue de Damas en Syrie, mosaïque du XIIe siècle, Duomo Monreale, Sicile

- À quoi reconnais-tu saint Paul ?
- Que font les personnages face à lui ?
- Cherche dans un dictionnaire ce qu'est une mosaïque.

- Raconte cette histoire avec tes propres mots.
- Quel est le message contenu dans ce texte ?
- Ce texte est-il une source de l'histoire ?

l'envoyé de Dieu. Ils diffusèrent son message de fraternité.

Paul de Tarse (saint Paul), un citoyen romain d'origine juive qui avait d'abord combattu le christianisme, se convertit et répandit largement la nouvelle religion auprès des peuples du Proche-Orient, en particulier les non-Juifs. Il prôna le rassemblement des chrétiens dans une même communauté de vie : ainsi naquit l'Église chrétienne.

LEXIQUE

un chrétien : une personne qui adhère au christianisme.

le christianisme : la religion de ceux qui croient en Jésus (également appelé le Christ).

se convertir : adopter une religion.

crucifier : pendre quelqu'un sur une croix pour le faire mourir.

une Église : un ensemble de chrétiens ayant les mêmes croyances.

17 La christianisation de l'Empire romain

1 Un baptistère ∨
Fréjus en France, Vᵉ siècle

En signe de purification, les personnes qui désiraient devenir chrétiennes s'immergeaient dans ce bassin rempli d'eau : c'est la cérémonie du baptême.

2 Le christianisme interdit >
Martyre de saint Laurent, mosaïque du Vᵉ siècle, mausolée de Galla Placida, Ravenne

- Cette miniature est-elle une source de l'histoire ? Justifie ta réponse.

- Quel était l'objectif des tortures et des persécutions contre les chrétiens ?

- Que penses-tu de ces persécutions religieuses ?

La diffusion du christianisme

Le message du Christ se répandit dans les villes, auprès des gens du peuple : artisans et petits commerçants. Ils se rassemblaient pour prier.

La communauté chrétienne s'organisa : chaque groupe était dirigé par un évêque et des « anciens » (des prêtres). Pour marquer leur entrée dans l'Église, les nouveaux convertis participaient à la cérémonie du baptême (doc. 1).

Les persécutions

Le christianisme se répandit dans l'Empire romain. Les empereurs romains s'inquiétèrent, car les chrétiens refusaient de vénérer l'empereur comme un dieu.

Craignant qu'ils s'opposent à leur pouvoir, ils interdirent le christianisme à la fin du Iᵉʳ siècle et persécutèrent ceux qui continuaient à le pratiquer (doc. 2). Mais le courage des persécutés provoquait l'admiration et les conversions se multipliaient.

les évangiles,
qui racontent
la vie de Jésus
et son message

le bûcher
de la torture

une croix,
qui symbolise
celle sur laquelle
Jésus a été crucifié

une auréole
de lumière,
qui symbolise
la sainteté

un livre,
qui symbolise
le message
de Jésus

3 Le christianisme autorisé

Étant réunis à Milan, moi Constantin, empereur romain, et moi, Licinius, nous pensons qu'il faut donner aux chrétiens, comme à tous, la liberté de pouvoir suivre la religion que chacun veut.

D'après l'édit de Milan, 313

● Que penses-tu de cette décision ?

4 Le christianisme obligatoire

Tous nos peuples doivent se rallier à la foi transmise aux Romains par l'apôtre Pierre. Quant aux autres, ces insensés extravagants, ils sont frappés d'infamie et seront soumis à la vengeance de Dieu d'abord, puis à la nôtre.

D'après l'édit de Thessalonique, 380

● Que penses-tu de cette obligation ?

Le christianisme autorisé

Au début du IVᵉ siècle, l'empereur Constantin accorda aux chrétiens la liberté de pratiquer leur religion et se convertit au christianisme (doc. 3).
À la fin du IVᵉ siècle, l'empereur Thédose, lui-même chrétien, interdit les autres religions, fit fermer les temples païens et fit du christianisme la religion officielle de l'Empire romain (doc. 4).

LEXIQUE

convertir : convaincre quelqu'un d'adopter une religion.

un édit : une loi décidée par un roi ou par un empereur.

païen : relatif à une autre religion que le christianisme, la religion juive et l'islam.

persécuter : maltraiter quelqu'un sans relâche.

18 La fin de l'Empire romain

1 Un cavalier germain

Bas-relief, pierre tombale, VIIe siècle, musée de Halle en Allemagne

○ Décris ce cavalier : ses cheveux, sa barbe, sa position, ses armes, la manière dont son cheval est harnaché...
○ Sur la carte 3 de l'atlas, situe les peuples germains.
● À ton avis, qu'est-ce qui attirait les Germains dans l'Empire romain ?

2 Le mur d'Aurélien à Rome > > > > > >

IIIe siècle, 18 km de long, 10 à 19 m de haut

Ce mur, percé de 18 portes, protégeait Rome des Barbares.

○ Sur la carte 3 de l'atlas, situe Rome.
○ Décris ce mur.
● En quoi protégeait-il la ville des attaques des Barbares ?

3 Les deux empereurs

Colonne en porphyre représentant Dioclétien et Maximien, IIIe siècle, Musée du Vatican à Rome

Cette statue représente Dioclétien, empereur d'Occident, et Maximien, empereur d'Orient, entre lesquels l'Empire romain a été divisé.

● Pourquoi ces deux empereurs s'enlacent-ils symboliquement ?
● En quoi la division de l'Empire peut-elle le rendre plus fort face à ses ennemis ?

La crise de l'Empire romain

À partir de la fin du IIe siècle, des rivalités de pouvoir entre les généraux de l'armée romaine affaiblirent l'Empire.

Celui-ci devait en outre faire face à la convoitise des peuples germaniques, que les Romains appelaient les « Barbares » (carte 3 de l'atlas).

Attirés par les richesses de l'Empire, certains Germains s'installèrent peu à peu en Gaule (doc. 1).

La résistance des empereurs

Les empereurs romains tentèrent de rétablir l'ordre dans l'empire. Ils firent construire des fortifications autour des principales villes (doc. 2). Pour mieux contrôler le territoire, ils partagèrent l'empire en deux :

– l'empire d'Occident, sous la direction d'un empereur, avec Rome pour capitale ;

– l'empire d'Orient, sous la direction d'un autre empereur, avec Constantinople pour capitale (doc. 3 et carte 3 de l'atlas).

Ni la profondeur des épaisses forêts, ni la hauteur des montagnes, ni les tourbillons des fleuves, ni la solidité des forteresses et des remparts, ni les mers, ni la solitude des déserts, ni l'étroitesse des vallées n'ont fait reculer les Barbares.

D'après Orientius, Ve siècle

○ Quels éléments naturels auraient dû empêcher l'avancée des Barbares ?

○ Quels éléments humains auraient pu l'empêcher ?

● Qu'est-ce que ce texte nous apprend sur la volonté des Barbares ?

L'assaut des Barbares

Au Ve siècle, les Huns, un peuple venu d'Asie, envahirent l'Europe. Pour leur échapper, les Germains fuirent vers l'ouest et entrèrent massivement en Gaule. Ils ravagèrent le pays, pillèrent les villes, massacrèrent des milliers d'hommes. En 410, ils saccagèrent Rome.

Au milieu du Ve siècle, les Huns dirigés par Attila envahirent la Gaule, semant la terreur (doc. 4). Débordé et envahi par les Barbares, l'Empire romain d'Occident disparut en 476 (**chronologie B de l'atlas**).

Les Germains établirent peu à peu leur contrôle sur toute la Gaule.

LEXIQUE

la convoitise : le désir très fort de posséder quelque chose.

85

Regards sur le monde

Des espaces organisés par les sociétés humaines

Vue depuis l'espace,
notre Terre est une « orange bleue » :
une immense boule
couverte par les océans.
Mais vue du sol,
son aspect est bien différent...

SOMMAIRE

1	**globe et planisphère, outils du géographe** Les représentations de la Terre	**88**
2	Les continents et les océans	**90**
3	Des climats variés	**92**
4	La répartition des hommes sur la Terre	**94**
5	**les images satellites, outils du géographe** La Terre vue de l'espace	**96**
6	Les genres de vie Vivre dans un pays riche	**98**
7	Les genres de vie Vivre dans un pays pauvre	**100**
8	**les photographies, outils du géographe** Riches et pauvres à Bombay	**102**

La Terre vue depuis l'espace

Les représentations de la Terre

1 Le globe terrestre >

○ Observe la photographie de la page 82 : voici la Terre telle que les astronautes la voient depuis l'espace ; quelle forme a-t-elle ?

● Quand tu regardes le paysage autour de toi, as-tu l'impression que la Terre est ronde ou qu'elle est plate ?

Le globe terrestre est une maquette de la Terre, c'est-à-dire une représentation réduite. Observe le globe de la classe.

● Peux-tu voir toutes les régions du monde d'un seul coup d'œil ? Pourquoi ?

● Où dois-tu te placer pour voir en entier le pôle Nord ? le pôle Sud ?

● Nomme les endroits de la Terre que tu reconnais.

● Il y a 500 ans, les bateaux de Magellan sont partis du Portugal et ont navigué vers l'ouest. Au bout de trois ans, ils sont revenus à leur point de départ : peux-tu expliquer pourquoi ?

2 La représentation à plat ∨

Pour voir d'un seul coup d'œil la totalité de notre planète, il faut la représenter à plat. Imagine que tu détaches la surface de la Terre comme tu éplucherais une orange. Tu pourrais ensuite aplatir cette écorce.

● Sur le dessin ci-dessous, nomme les endroits de la Terre que tu reconnais.

● Pourquoi cette représentation a-t-elle cette forme particulière ?

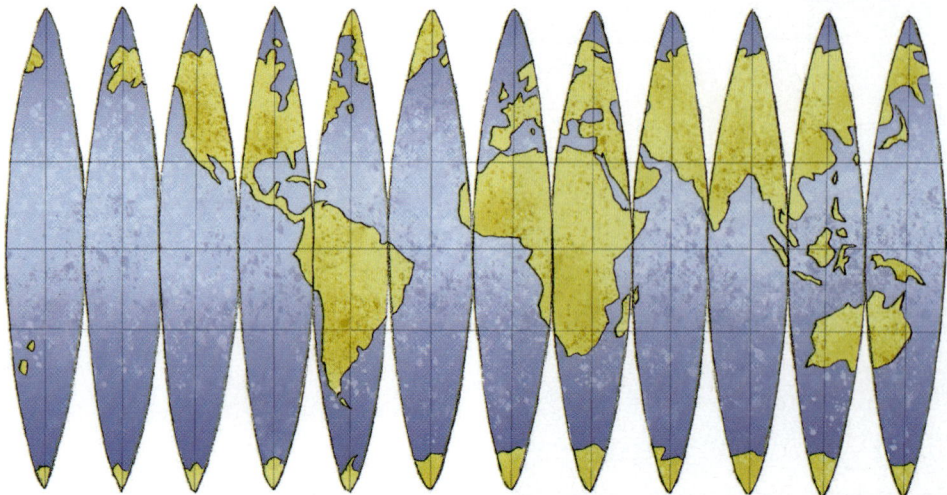

3   Le planisphère ∨

Le planisphère est une représentation à plat de la Terre.
Il permet de voir, d'un seul coup d'œil, la totalité de notre planète.

● Compare le planisphère ci-dessous au globe de la classe et retrouve des tracés qui se ressemblent.

● À ton avis, que représentent les zones bleues ? les zones jaunes ?

● Qu'y a-t-il à droite de ce planisphère, au-delà du dessin ?
  (Aide-toi du globe de la classe pour répondre)

● Quels sont les avantages du planisphère par rapport au globe ?

● Quels sont les avantages du globe par rapport au planisphère ?

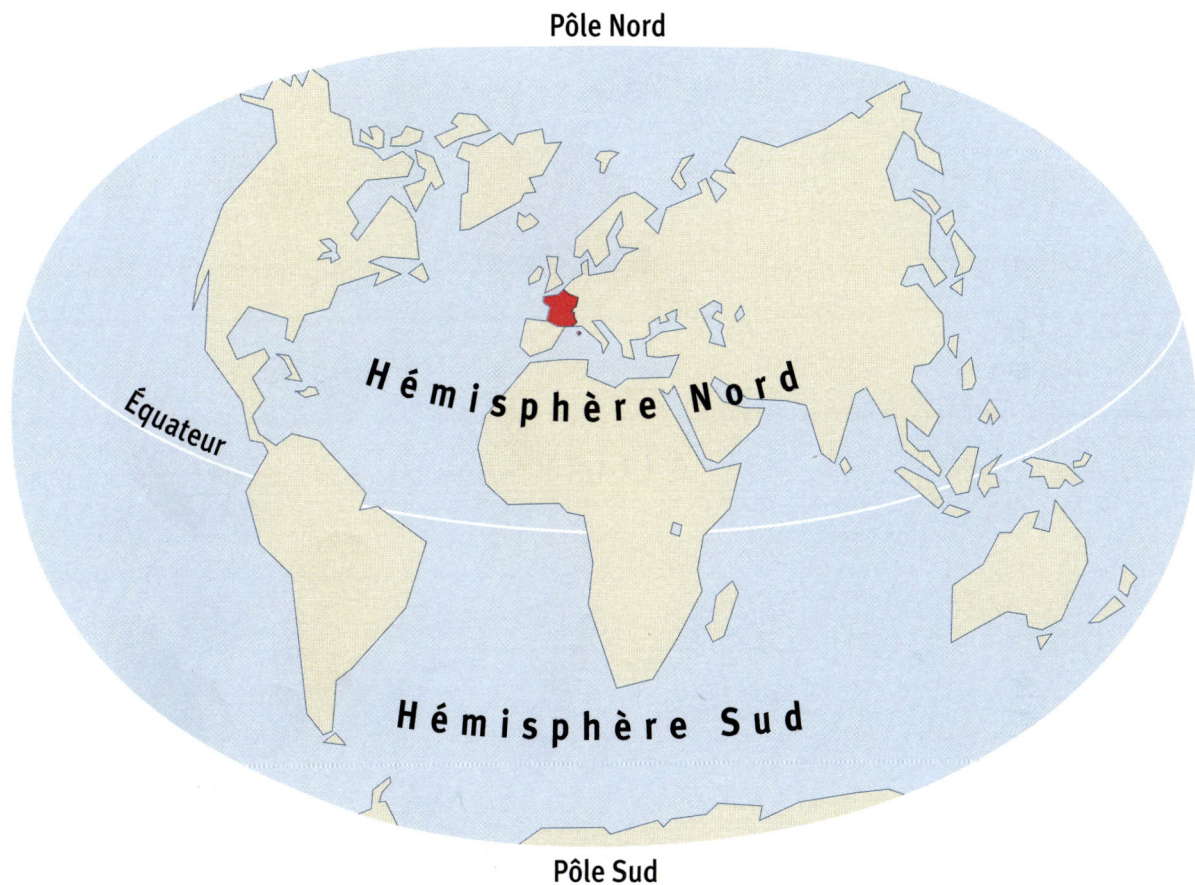

Pôle Nord

Équateur

H é m i s p h è r e   N o r d

H é m i s p h è r e   S u d

Pôle Sud

4   L'équateur et les pôles ∧

Pour se repérer sur le planisphère ou sur le globe,
les géographes tracent une ligne imaginaire :
l'équateur. Il sépare la Terre en deux moitiés :
les hémisphères.
Le sommet du globe ou du planisphère
s'appelle le « pôle Nord ».
À l'autre extrémité se trouve le « pôle Sud ».

○ Comment appelle-t-on la moitié nord de la Terre ?
  et la moitié sud ?

○ Sur ce planisphère, situe l'équateur,
  le pôle Nord et le pôle Sud.

2 Les continents et les océans

1 Le planisphère des continents et des océans

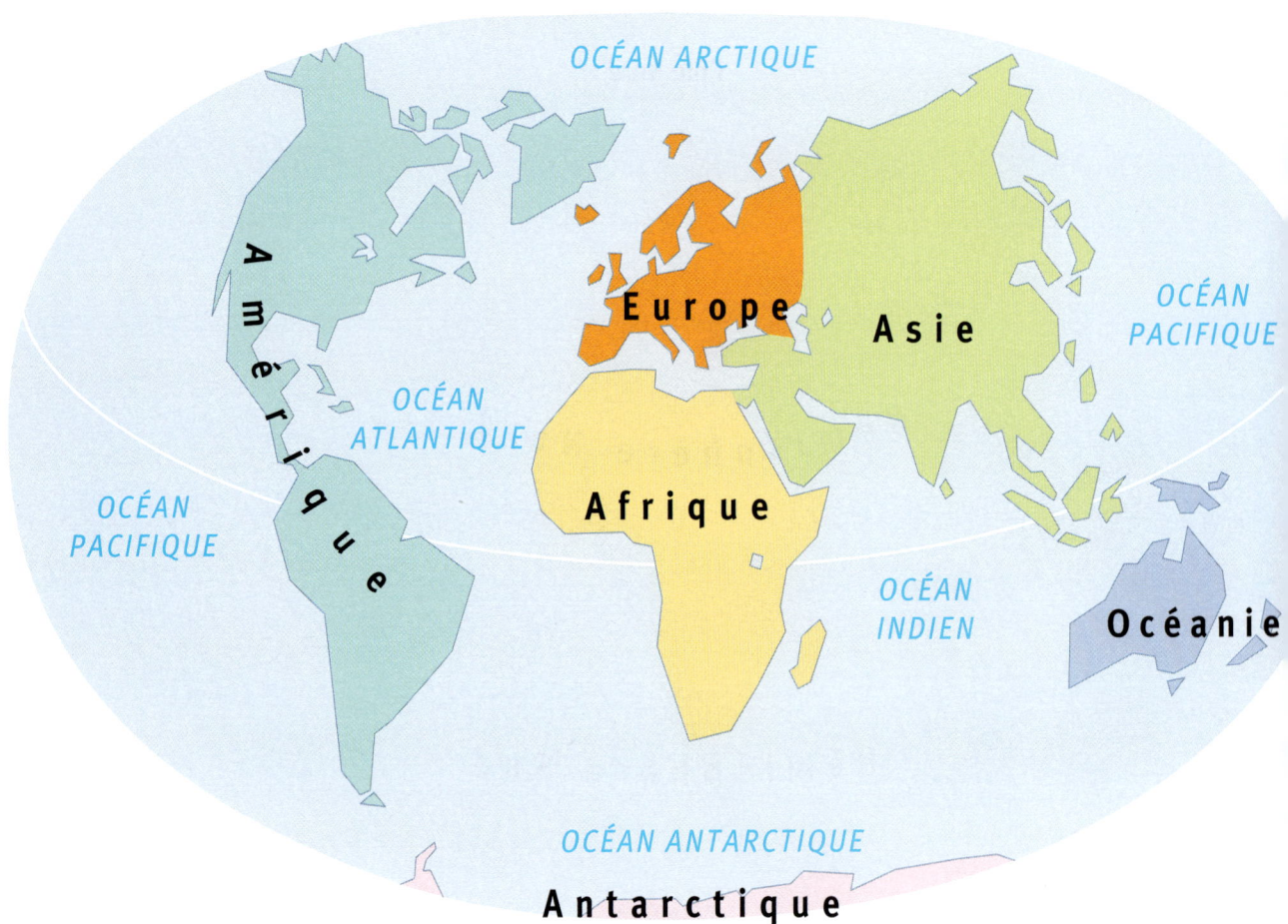

OCÉAN ARCTIQUE

Amérique

Europe

Asie

OCÉAN PACIFIQUE

OCÉAN ATLANTIQUE

Afrique

OCÉAN PACIFIQUE

OCÉAN INDIEN

Océanie

OCÉAN ANTARCTIQUE

Antarctique

Les océans et les mers

La majeure partie de la Terre est recouverte par les mers et les océans : les photographies de la Terre vue de l'espace le confirment, puisqu'elles montrent que la couleur bleue est dominante (**photographie page 82**).
La Terre compte cinq océans (**doc. 1**) : l'océan Pacifique, l'océan Atlantique, l'océan Indien, l'océan Arctique et l'océan Antarctique. Le plus grand de tous est l'océan Pacifique.
La Terre compte aussi de nombreuses mers, comme la mer Méditerranée, située entre l'Europe, l'Afrique et l'Asie.

Les continents

La Terre compte six continents (**doc. 1**) : l'Amérique, l'Europe et l'Asie (ou Eurasie),

2 Un continent composé d'îles : l'Océanie

Les îles Tuamotu

○ Nomme les océans en allant du nord au sud.

○ Quels océans bordent l'Asie ? l'Afrique ? l'Antarctique ?

○ Dans quel océan le pôle Nord est-il situé ?

○ Nomme les continents, en allant de l'ouest vers l'est.

○ Quel est le continent le plus petit ?

○ Quel continent est situé au pôle Sud ?

○ Quel océan faut-il traverser pour se rendre d'Europe en Amérique ?

○ Quels continents et quels océans faut-il survoler pour se rendre d'Europe en Océanie en avion ?

● Pourquoi le nom « océan Pacifique » apparaît-il deux fois ?

○ Sur le planisphère, situe l'Océanie.

● Quel est le nom de l'océan visible sur cette photographie ? (Aide-toi du planisphère)

● D'après le planisphère, en quoi l'Océanie est-elle un continent original par rapport aux cinq autres ?

○ Comment s'appelle la plus grande île d'Océanie ? (Aide-toi de la carte 6 de l'atlas)

---

l'Afrique, l'Océanie et l'Antarctique.
L'Amérique, l'Europe, l'Afrique, l'Asie et l'Antarctique sont de grandes étendues de terres, alors que l'Océanie est un ensemble d'îles (doc. 2).
Au pôle Sud, l'Antarctique est un continent glacial, recouvert toute l'année par la glace et la neige (doc. 4 page 89).
Au pôle Nord se trouve non pas un continent mais un océan dont la surface est tota-

lement gelée et forme une immense étendue de glace.

91

3 Des climats variés

1 Le soleil et les températures ∨

Près de l'équateur, le soleil monte haut dans le ciel
(plus encore que chez nous, à midi)
et ses rayons frappent le sol à la verticale :
la Terre reçoit donc beaucoup de chaleur.

Près des pôles, au contraire,
le soleil reste toujours près de l'horizon
(comme le matin ou le soir, chez nous)
et ses rayons rasent le sol, qui reçoit donc
peu de chaleur : il fait froid.

2 Les précipitations ∨

L'eau des océans et des mers s'évapore
et forme des nuages. Là où le vent pousse
les nuages, il pleut. Là où les nuages
ne peuvent aller, il ne pleut pas.

Le vent pousse les nuages

zone désertique

- Explique avec tes mots pourquoi il fait froid au pôle Nord et chaud près de l'équateur.
- À ton avis, que fait le soleil dans les régions situées entre l'équateur et le pôle Nord ?
- Dans le dessin ci-dessus, pourquoi y a-t-il une zone désertique à droite de la montagne ?
- D'où vient l'eau des nuages qui se trouvent dans ta région ?

Les températures

Le climat d'une région dépend des températures qui y règnent. Pour les étudier, on les relève chaque jour à la même heure, dans un endroit abrité du vent et du soleil (doc. 5). Les températures se mesurent en degrés Celsius (°C). En dessous de 0 °C, il fait très froid et l'eau gèle.

Il existe cinq zones de températures dans le monde : près des deux pôles, il fait froid toute l'année (doc. 1 et 4) ; près de l'équateur, il fait chaud toute l'année (doc. 1) ; entre les deux se trouvent des zones tempérées qui se carac-térisent par des températures ni très froides ni très chaudes (carte 7 de l'atlas).

Les précipitations

Le climat d'une région dépend également des précipitations. Pour les étudier, on mesure chaque jour leur volume (doc. 5) : celle de la pluie, celle de la neige et de la grêle quand les températures sont inférieures à 0 °C.

Les précipitations varient considérablement d'une région à l'autre. Elles dépendent des vents, qui apportent les nuages chargés de

3 Un désert >
Le désert de Lipaz en Bolivie

Dans certaines régions,
il ne pleut presque jamais :
ce sont des déserts.
Dans ce désert,
la forte sécheresse a entraîné
l'évaporation de toute l'eau
qui se trouvait dans le sol,
faisant remonter
à la surface le sel
enfoui sous la terre.

○ Sur la carte 6 de l'atlas,
 situe la Bolivie.
○ Nomme trois autres déserts.
● Quelles activités
 les hommes peuvent-ils avoir
 dans ce désert ?

4 L'Antarctique : un continent gelé >

Près du pôle Sud,
il fait tellement froid
que la neige et la glace
couvrent le sol toute l'année.
Les icebergs sont
de gigantesques morceaux
de glace qui flottent sur l'Océan.

● Pourquoi les hommes
 ne vivent-ils pas
 sur l'Antarctique ?
● Pourquoi dit-on
 de l'Antarctique qu'il est
 un immense désert froid ?

pluies (**doc. 2**). Ainsi, à certains endroits, il pleut souvent et beaucoup. À d'autres endroits, les précipitations sont rares. Les régions dans lesquelles il ne pleut presque jamais sont des déserts secs (**doc. 3 et carte 7 de l'atlas**).

LEXIQUE

un désert sec : un lieu dans lequel il ne pleut presque jamais.

les précipitations : l'eau qui tombe du ciel (la pluie, la neige et la grêle).

5 Les outils de la météo

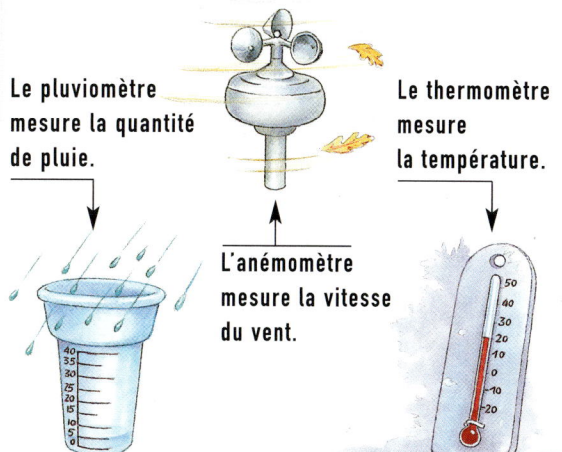

Le pluviomètre mesure la quantité de pluie.

Le thermomètre mesure la température.

L'anémomètre mesure la vitesse du vent.

4 La répartition des hommes sur la Terre

1 Un désert humain Le Tibet en Asie centrale

Le relief montagneux et le climat froid de cette région expliquent qu'elle n'est presque pas habitée.

○ Sur la carte 8 de l'atlas, situe le Tibet.

● Observe ce paysage : quel obstacle naturel explique que les hommes sont peu nombreux dans cette région du monde ?

● Quels autres obstacles naturels peuvent décourager les hommes de s'installer dans une région ?

Une inégale répartition

La Terre compte 6 milliards d'habitants, inégalement répartis (**carte 8 de l'atlas**).

Dans certaines régions, les habitants sont nombreux : c'est le cas en Asie du Sud et de l'Est, en Europe, dans certaines régions d'Amérique et surtout dans les villes (plus de la moitié de la population mondiale habite dans les villes).

D'autres régions, au contraire, sont presque vides d'hommes : les régions polaires, les grandes forêts comme l'Amazonie, les déserts comme le Sahara…

Des causes variées

Différentes causes expliquent cette inégale répartition des hommes sur la Terre :
– des causes naturelles : les hommes sont plus nombreux là où il y a de l'eau, des terres cultivables, un climat doux, et moins nom-

2 Une migration historique

La traite des esclaves en Afrique, XVᵉ-XIXᵉ siècle

Entre 9 et 20 millions d'hommes et de femmes auraient été emmenés d'Afrique en Amérique. Bien d'autres sont morts. En effet, les Européens ne voulaient que les hommes et les femmes en bonne santé ; aussi les marchands n'hésitaient-ils pas à tuer les autres : les vieillards, les enfants, les infirmes. Ceux qui étaient emmenés en esclavage ne parvenaient pas tous en Amérique : beaucoup mouraient d'épuisement ou de maladie, se faisaient tuer ou préféraient se suicider. On estime que, pour un Africain qui a atteint les côtes américaines, deux ou trois autres sont morts.

> D'après S. Le Callennec, « Les migrations africaines »,
> Ailleurs l'herbe est plus verte, Arléa Corlet, 1996

○ Explique avec tes mots ce qu'était la traite des esclaves ?
D'où venaient les esclaves ? Où les emmenait-on ?
○ Combien l'Afrique a-t-elle perdu de personnes du fait de la traite ?
● En quoi la traite explique-t-elle le faible peuplement de l'Afrique ?

3 Une population nombreuse ∧

**Le marché flottant
de Damnoen Saduak, Thaïlande**

Le Sud-Est de l'Asie
est l'une des régions
les plus peuplées du monde.

○ Décris ce marché :
l'eau et les bateaux,
les quais, les personnes,
les marchandises…
● Pourquoi les marchands
s'installent-ils dans des
barques et non
sur la terre ferme ?
● Quelles raisons pourraient
expliquer que la population
est nombreuse dans cette
région du monde ?

breux là où les conditions de vie sont plus difficiles (dans les régions polaires et les déserts, dans les grandes forêts, dans les régions de montagne…) **(doc. 1)** ;
– des causes historiques : les guerres et les migrations ont vidé certaines régions **(doc. 2)** ;
– des causes économiques : les hommes sont nombreux dans les régions qui sont ou qui ont été riches, par exemple dans les régions où l'agriculture est productive (en Asie et en Europe) **(doc. 3)** ou dans celles où le commerce est intense (comme autour de la mer Méditerranée).

LEXIQUE

les conditions naturelles : le relief, le climat, la végétation naturelle…

une migration : le déplacement durable d'une population d'une région à une autre.

la traite des esclaves : le commerce des esclaves.

5 les images satellites, outils du géographe
La Terre vue de l'espace

1 Un satellite >
Satellite météorologique français Météosat

Les hommes lancent dans l'espace des satellites qui tournent autour de la Terre et enregistrent des informations en provenance de la Terre.

○ Situe les panneaux qui permettent à Météosat de capter l'énergie du Soleil pour fonctionner.

2 Une image satellite de la Terre ∨
Les lumières de la Terre durant la nuit

Les informations sont traitées par des ordinateurs puis traduites en images. Les couleurs sont choisies pour que l'image ressemble à une photographie. Par exemple, ici, on a mis côte à côte plusieurs images réalisées par un satellite durant la nuit.

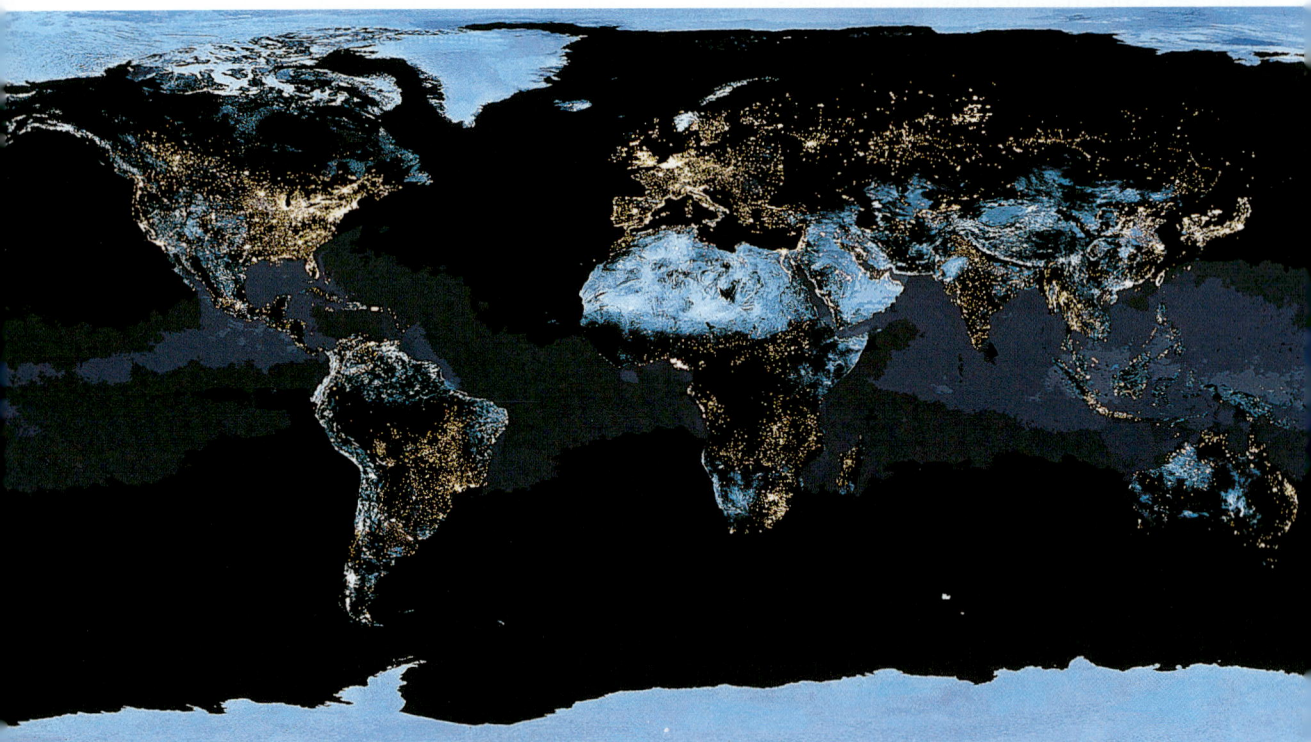

○ Par quoi certaines régions sont-elles éclairées ?
○ Où se trouve la France ? Est-elle éclairée ?
● Trouve deux raisons qui expliquent que certaines régions ne sont pas éclairées.
● Qu'est-ce que cette image satellite nous apprend sur la répartition de la population mondiale ? sur la richesse des différentes régions du monde ?
● Pourquoi ne peut-on prendre en une seule prise une photographie de toute la Terre durant la nuit ?

3 **Une image satellite de la Terre** La végétation sur la Terre, image Météosat ∧

Cette image satellite présente la végétation de la Terre.
Les couleurs ont été choisies pour rappeler celles de la végétation naturelle.

- À quoi correspondent les zones vertes ? Où se trouvent-elles ?
- À quoi correspondent les zones jaunes ? les zones blanches ?
- Où se trouve la France ? De quelle couleur est-elle ?
  Que peux-tu en conclure sur la végétation en France ?

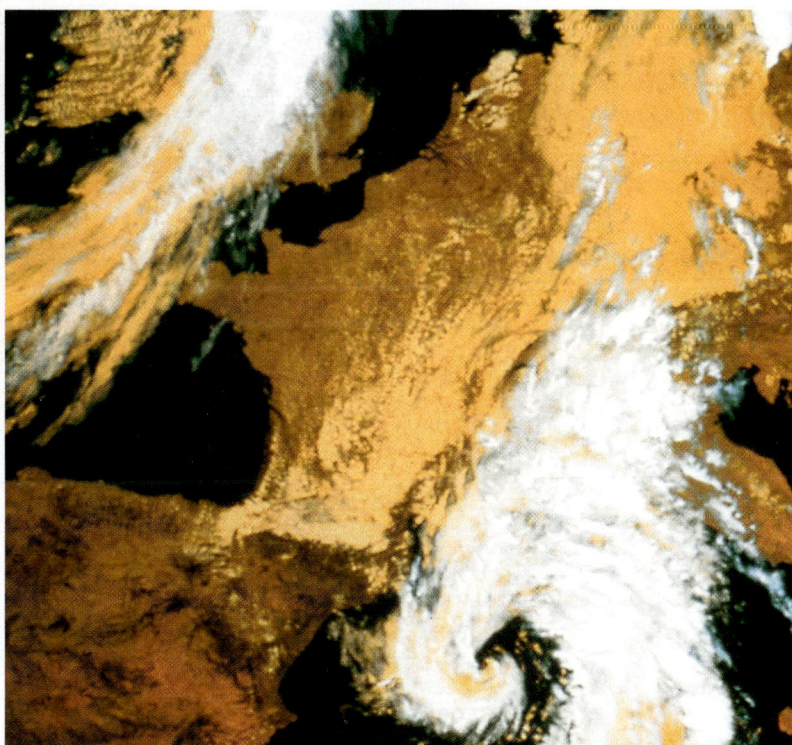

< **4** **Une image satellite de la France**
Image Météosat, conditions météorologiques du 3 juin 1996

Certains satellites recueillent des informations sur les températures, les vents et les nuages. Les ordinateurs les traduisent en une carte qui ressemble à une photographie.

○ Situe la France sur cette image satellite.

● Que représentent les traînées blanches ?

● Où as-tu déjà vu des images de ce type ?

● À ton avis, quel temps faisait-il en France le 3 juin 1996 ? Justifie ta réponse

6 les genres de vie
Vivre dans un pays riche

Les pays riches

Certains pays comme la France sont riches. On y trouve :
– des champs fertiles dans lesquels on cultive des céréales, des fruits, des légumes…
– des usines dans lesquelles on fabrique de nombreux objets pour la vie de tous les jours (vêtements, meubles…) et pour les loisirs (livres, ordinateurs, télévisions…)
– toutes sortes de services : moyens de transport, magasins (**doc. 1**), écoles, hôpitaux…

La vie des habitants

Dans ces pays riches, la plupart des habitants vivent bien : ils se logent confortablement (**doc. 2**), mangent à leur faim, achètent ce dont ils ont besoin, se soignent… Ils consacrent une partie de leur temps et de leur argent aux loisirs : vacances, voyages, sport, spectacles (**doc. 3**)…
Néanmoins, tous ne profitent pas de cette vie aisée : des inégalités demeurent et le nombre de pauvres augmente (**doc. 4**).

1   Une rue commerçante à Los Angeles (États-Unis)

○ Sur la carte 6 de l'atlas, situe les États-Unis.

○ Décris ce paysage : la rue, les bâtiments, les magasins, la végétation, les enseignes, les véhicules...

● À quoi vois-tu qu'il s'agit d'un quartier riche ?

2   Une famille en Grande-Bretagne ∧

Cette famille a sorti de sa maison tout ce qu'elle possède.

○ Sur la carte 6 de l'atlas, situe la Grande-Bretagne.

○ Décris cette maison et nomme les objets qui se trouvent devant.

3   Du temps pour les loisirs

De 1975 à nos jours, les Français ont gagné plus d'une heure par jour de temps libre. À quoi le consacrent-ils ? Ils passent en moyenne 3 heures par jour devant la télévision, lisent en moyenne un journal chaque semaine et 13 livres pas an, achètent 6 disques et vont 2 fois au cinéma. 2 Français sur 3 pratiquent régulièrement un sport et 2 sur 3 partent chaque année en vacances.

Statistiques 2001

○ Quels sont les loisirs des Français ?

● En quoi cela prouve-t-il que la France est un pays riche ?

4   De profondes inégalités

En France, 1,3 million de travailleurs ont un niveau de vie inférieur au seuil de pauvreté et sont obligés parfois d'aller quémander de l'aide pour boucler les fins de mois. Mais comme ils sont nombreux à vivre en famille, leur entourage est aussi concerné. Au total, c'est plus de deux millions de personnes et plus de 800 000 enfants qui sont touchés par cette pauvreté.

D'après Libération, Cécile Daumas, 27 novembre 2000

● D'après ce texte, tous les habitants des pays riches ont-ils le même niveau de vie ?

● Que penses-tu de la pauvreté dans notre pays ?

7 les genres de vie
Vivre dans un pays pauvre

Les pays pauvres

Certains pays sont pauvres :
– les champs y sont peu fertiles, l'eau manque ou les outils sont rudimentaires et les productions insuffisantes ;
– les usines sont rares et ne produisent pas ce dont les habitants ont besoin ;
– les services sont insuffisants voire inexistants : peu d'école, d'hôpitaux ou de magasins, pas de moyens de transport (doc. 1)…
Ces pays sont plus nombreux que les pays riches. Ils constituent ce que l'on appelle le « tiers-monde ».

La vie des habitants

Dans ces pays pauvres, la plupart des habitants mènent une existence difficile. Ils doivent travailler très durement pour survivre ; beaucoup se trouvent malgré cela dans la misère : ils sont mal logés, ne disposent pas d'eau courante (doc. 2) ; ils sont mal soignés, ne mangent pas toujours à leur faim et les enfants ne vont pas tous à l'école (doc. 3 et 4).
Mais il existe d'importants écarts de richesse et certains habitants des pays pauvres vivent dans le luxe.

<

1 Une rue à Ciudad (Mexique)

○ Sur la carte 6 de l'atlas, situe le Mexique.

○ Décris ce paysage et compare-le avec celui de la page 98 : la rue, les bâtiments, les magasins, les passants, les véhicules...

● À quoi vois-tu qu'il s'agit d'une ville pauvre ?

2 Une famille en Éthiopie ⌃

Comme la famille britannique de la page 99, cette famille éthiopienne a sorti de sa maison tout ce qu'elle possède.

○ Sur la carte 6 de l'atlas, situe l'Éthiopie.

○ Décris cette maison et les objets devant.

● Compare la vie de cette famille à celle de la famille britannique page 99.

3 Le travail des enfants

Ramesh vit en Inde et a 10 ans. De 7 heures à 20 heures, moins une heure pour le déjeuner, assis sur le sol, il polit des diamants. Ce travail lui rapporte moins de 1 euro par jour. Lorsqu'on lui demande pourquoi il travaille dans cet atelier, il répond : « Mon père possède quelques champs, mais il n'a pas plu depuis trois ans. On ne peut rien cultiver. Alors il m'a envoyé ici pour gagner quelque chose et l'envoyer à la maison. »

D'après *Les Enfants du tiers-monde*, BJ dossier, 1993

● Pourquoi Ramesh est-il obligé de travailler ?

● Que penses-tu du travail des enfants ?

4 Les enfants des rues

Alex est né dans un bidonville au Brésil. À 7 ans, il a quitté l'école pour nettoyer les voitures dans la rue. Le soir, il rentrait chez lui et remettait à sa mère les sous ainsi gagnés. À 9 ans, il est allé vendre des bonbons dans le centre de la ville. L'éloignement et les difficultés de transport l'ont souvent empêché de rentrer chez lui et il a commencé à vivre dans la rue.

D'après la Lettre de la Fédération internationale de la Ligue des droits de l'homme, mai 1995

● Pourquoi Alex dort-il parfois dans la rue ?

● Que penses-tu de cette situation ?

8 les photographies, outils du géographe
Riches et pauvres à Bombay

Le géographe étudie les paysages.
Pour cela, il se déplace sur le terrain ou travaille à partir de photographies.

1 Une vue générale au sol
Bidonville à Bombay en Inde

Cette photographie est une vue générale : elle montre un paysage dans son ensemble.
On peut voir le sol, le ciel et différents éléments : des tentes, des immeubles...
Elle présente différents plans :
– au premier plan, on voit un quartier très pauvre (un « bidonville »), avec ses abris de fortune ;
– en arrière-plan se dresse un quartier plus moderne.

○ Sur la carte 6 de l'atlas, situe l'Inde.
Dans quel continent ce pays se trouve-t-il ? Par quel océan est-il bordé ?

○ Décris ce paysage : les bâtiments et les habitations, leur forme, les matériaux utilisés,
les personnes présentes, leurs activités, les objets, l'aspect général...

● Quels éléments de ce paysage montrent que l'Inde est un pays pauvre ?

● Quels éléments montrent que l'Inde est un pays en plein développement économique ?

● Où le photographe se trouvait-il exactement lorsqu'il a pris cette photographie ? Justifie ta réponse.

2 Une vue de détail

Cette photographie
est une vue de détail :
elle ne montre pas
le paysage entier
mais une partie seulement.

○ Décris ce que tu vois
 sur cette photographie.

● Peut-on voir le ciel ?
 l'arrière-plan ?

● Peut-on savoir
 où dans la ville
 cette photographie
 a été prise ?

● Que montre
 cette photographie
 que la vue générale
 de la page 102 ne montre pas ?

3 Une vue aérienne

Cette photographie a été prise d'un avion : c'est une photographie « aérienne ».
Elle donne une vision du paysage
différente d'une vue au sol.

○ Décris ce que tu vois
 au premier plan
 (c'est-à-dire devant) ;
 au deuxième plan
 (au milieu de la photographie) ;
 à l'arrière-plan (au fond).

● À quoi vois-tu que cette image
 a été prise d'un avion
 et non depuis le sol ?

● Quels éléments visibles
 sur cette vue aérienne
 le sont également
 sur la vue au sol page 102 ?

● Quels éléments visibles
 sur cette vue aérienne
 ne peut-on voir
 sur la vue au sol ?
 Pourquoi ?

● Cette photographie
 donne-t-elle l'impression
 que Bombay est une ville pauvre
 ou une ville riche ?

● Quel autre type de document
 présente également le sol
 vu du dessus ?

● À ton avis, une image satellite
 est-elle réalisée
 de plus haut ou de plus bas
 qu'une vue aérienne ?
 Justifie ta réponse.

Les paysages français

Des constructions historiques en constante évolution

SOMMAIRE

Les paysages urbains

1 les images satellites, outils du géographe
De l'image satellite à la carte   106

2 Les quartiers d'habitation   108

3 Les quartiers du travail   110

4 l'échelle des cartes, outil du géographe
De la carte au plan   112

5 Les paysages du commerce   114

6 Les loisirs et la culture   116

7 les plans, outils du géographe
Le plan et son orientation   118

8 Le centre-ville   120

9 les arts visuels, outils du géographe ?
Le centre-ville   122

10 La périphérie des villes   124

11 les plans, outils du géographe
Le plan et sa légende   126

12 Les zones périurbaines   128

13 Les villes nouvelles   130

14 les plans, outils du géographe
Le plan des transports   132

Les paysages ruraux

15 Les paysages agricoles   134

16 Les forêts   136

17 les cartes, outils du géographe
La carte et son orientation   138

18 Les villages   140

19 Le tourisme rural   142

20 les cartes, outils du géographe
La carte routière   144

Les paysages montagnards

21 La montagne en été   146

22 La montagne en hiver   148

23 les cartes, outils du géographe
La carte du relief   150

Les paysages littoraux

24 Les littoraux touristiques   152

25 Les littoraux de la pêche
et du commerce

26 les cartes, outils du géographe
Le paysage et sa carte

27 La France d'outre-mer

Grenoble dans les Alpes

1 les images satellites, outils du géographe
De l'image satellite à la carte

1 Image satellite : la population en Europe

Cette image satellite représente l'Europe la nuit.
Les tâches jaunes correspondent aux endroits éclairés.
Un ordinateur a traduit ces informations en une carte qui ressemble à une photographie.

○ Les zones éclairées se trouvent-elles plutôt à l'est ou plutôt à l'ouest ?
● À quoi correspondent les grandes taches jaunes : à des villes ou à des campagnes ?
● Pourquoi peut-on dire que cette image satellite représente la répartition de la population en Europe ?
● Nomme des pays d'Europe que tu connais.

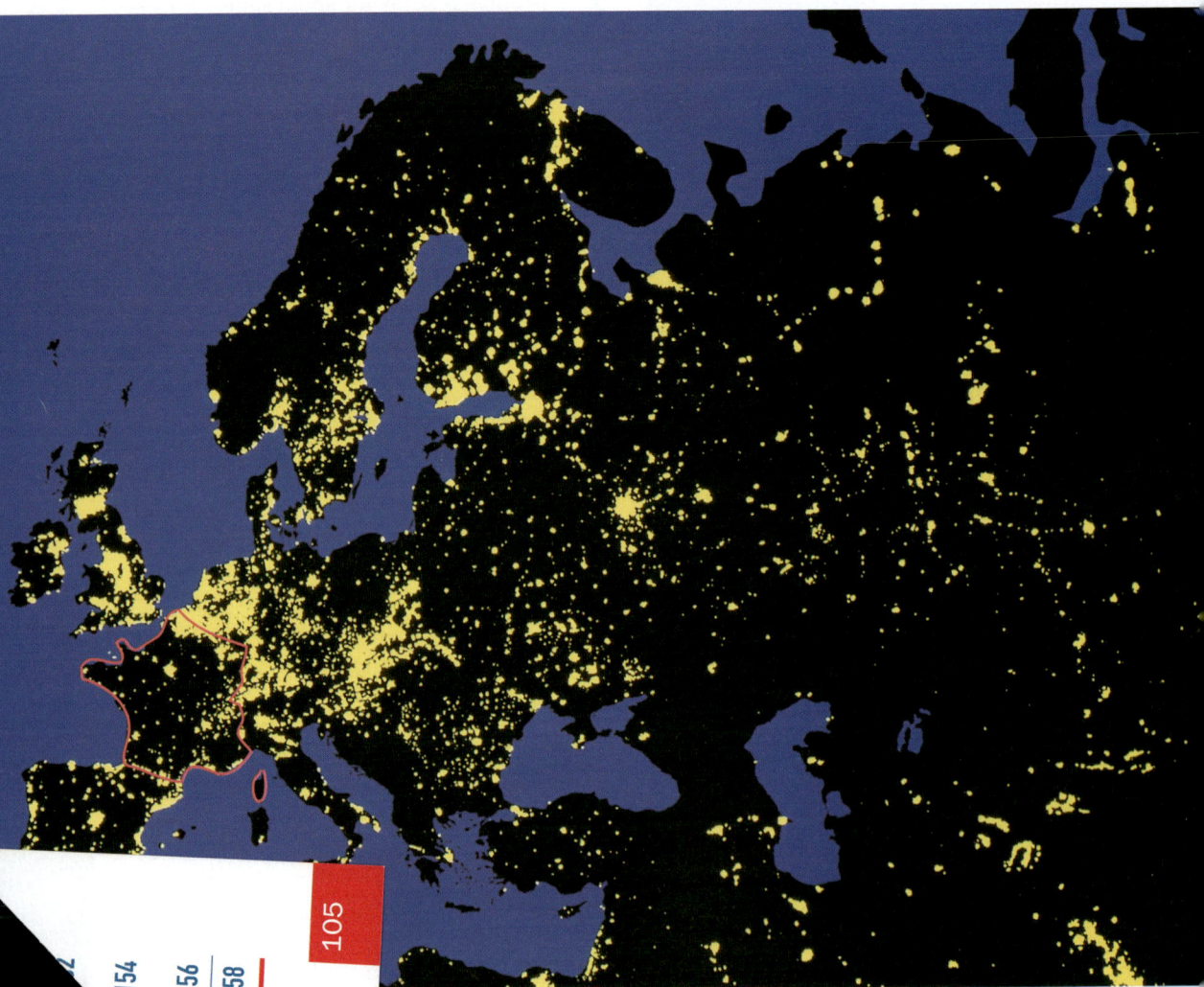

154 156 158

550 000 km² : c'est l'un des grands pays du continent européen.
gone. Pour t'aider à la reconnaître, on a tracé ses limites en rouge.

en Europe : à l'ouest ou à l'est ? au nord ou au sud ?
ns une zone où la population est nombreuse ou dans une zone peu peuplée ?

2 Image satellite : la population en France >

Cette image est un « gros plan » de l'image précédente.
Elle représente la répartition de la population en France.

○ La population est-elle répartie de manière égale en France ?

○ Le Nord-Est est-il très peuplé ou peu peuplé ?
et le Centre ?
et l'Ouest ?
et le Sud ?

○ D'après l'image satellite de la page 106, la Corse (que l'on entrevoit sur l'image à droite) est-elle une région très peuplée ou peu peuplée ?

● À ton avis, à quoi correspond la grande tache de lumière au centre de l'image satellite ?

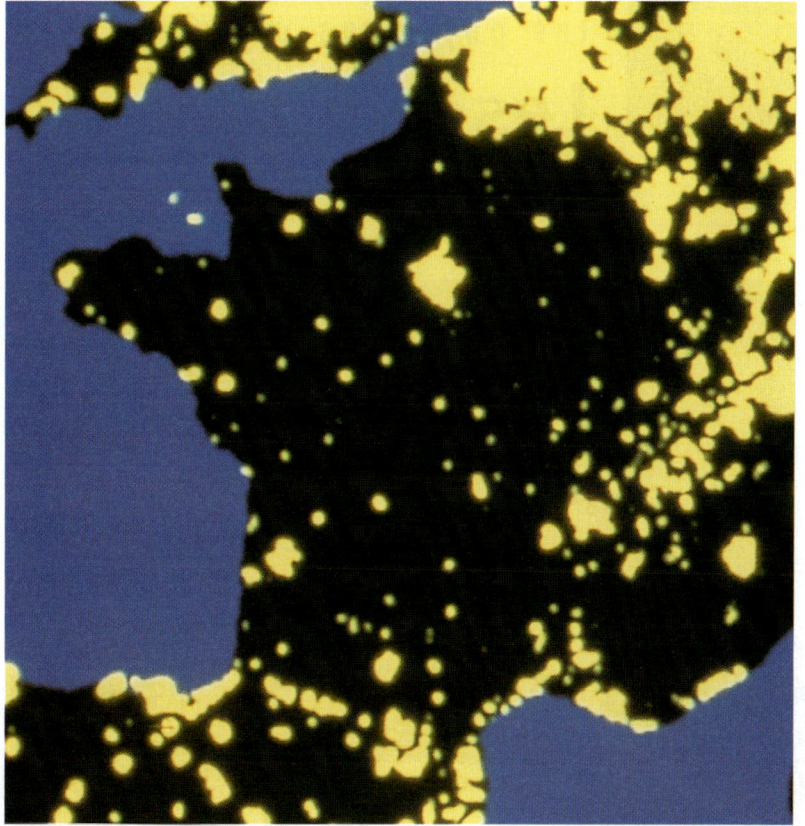

3 Carte de France : les villes ∨

Une carte est une représentation d'une région vue du dessus.
Cette carte représente les principales villes de France.

● Compare l'image satellite ci-dessus et cette carte : ont-elles la même allure ? Peux-tu expliquer pourquoi ?

● À l'aide de la carte, trouve à quelle ville correspond la principale tache de lumière sur l'image satellite ci-dessus. Quelle est la particularité de cette ville ?

Trois Français sur quatre vivent en ville.

● Et toi, habites-tu en ville ? Si oui, laquelle ? Si non, quelle est la ville la plus proche de chez toi ?

○ Cette ville est-elle représentée sur la carte ci-contre ?

○ Est-elle visible sur l'image satellite ci-dessus ?

● Découvre la carte de France de l'atlas (carte 10). Retrouve la grande ville la plus proche de chez toi. Nomme les quatre plus grandes villes françaises. Nomme les mers et les océans qui bordent la France.

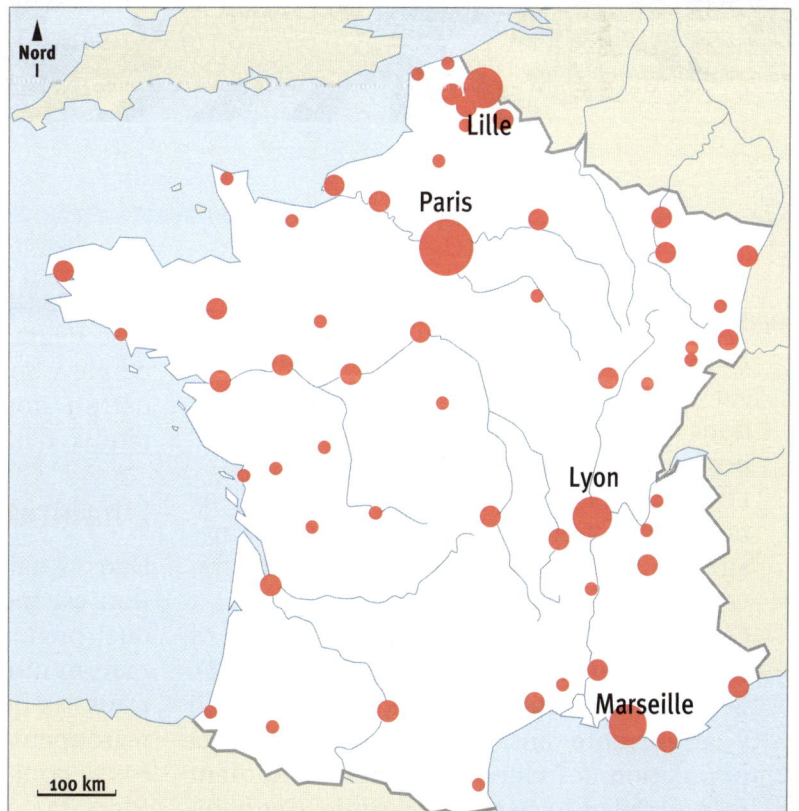

Nord

Lille

Paris

Lyon

Marseille

100 km

les paysages urbains

Les quartiers d'habitation

1 Un immeuble collectif ancien
Marseille

Avec sa large façade en pierre pourvue d'ornements et ses nombreux balcons, cet immeuble est caractéristique de la fin du XIXe siècle.

- Sur la carte 10 de l'atlas, situe Marseille.
- D'après cette carte, Marseille compte-t-il plus ou moins d'un million d'habitants ?
- Combien d'autres villes françaises comptent plus d'un million d'habitants ?
- Combien de familles peuvent vivre dans ce bâtiment : une seule, vingt ou cent ?
- As-tu déjà vu des immeubles de ce type ? Où se trouvent-ils ?
- Quels sont les avantages des immeubles collectifs ?
- Quels en sont les inconvénients ?

L'habitat collectif

Dans les villes, les citadins vivent nombreux sur un espace réduit. Pour les loger, on a donc construit des bâtiments collectifs, composés de plusieurs appartements.

Les quartiers les plus vieux comportent de beaux immeubles anciens (doc. 1), destinés aux personnes aisées. Ces quartiers sont traversés par de larges avenues.

Certains quartiers plus récents comportent des grands ensembles plus modestes (doc. 2). Beaucoup ont été construits rapidement, il y a quarante ans environ, parce que la population des villes augmentait fortement et qu'il fallait loger tout le monde. Cet habitat collectif n'a pas toujours été bien conçu, il se dégrade rapidement et les conditions de vie y sont parfois difficiles (doc. 4). On détruit donc certains bâtiments et on en rénove d'autres.

L'habitat individuel

Dans certaines zones urbaines où la population est moins nombreuse, l'habitat individuel prédomine : chaque famille possède sa maison individuelle, avec un jardin.

Dans les quartiers récents, des lotissements regroupent des pavillons modernes, parfois tous construits sur un même modèle (doc. 3).

2 Un grand ensemble récent

Le quartier Malakoff à Nantes >

Cette barre (en largeur) et ces tours (en hauteur) ont été construites il y a 40 ans pour faire face à la rapide augmentation de la population urbaine.

○ Sur la carte 10 de l'atlas, situe Nantes.

○ Combien de familles peuvent vivre dans cet ensemble : 1, 10 ou 100 ?

3 Un lotissement récent >

Chapelle des Fougerais, Rennes

De construction récente, ce lotissement rassemble plusieurs dizaines de maisons construites sur un modèle proche.

○ Sur la carte 10 de l'atlas, situe Nantes.

○ Combien de familles vivent dans chaque maison : 1, 10 ou 100 ?

● Lequel des bâtiments de cette leçon ressemble le plus à celui dans lequel tu vis ?

4 Les défauts des grands ensembles

Les grands ensembles collectionnent les défauts : longs couloirs et escaliers bruyants, vide-ordures perpétuellement bouchés, empilement des appartements, étroitesse des logements, rareté des espaces verts...

Certains sont mal entretenus : les détritus jonchent le sol, les façades se dégradent, les réparations ne sont pas effectuées.

D'après *Libération*, 24 juin 1993

○ Quels sont les problèmes des grands ensembles ?

● Que peut-on faire pour y remédier ?

LEXIQUE

un citadin : un habitant de la ville.

un grand ensemble : un ensemble de grands immeubles d'habitation.

un habitat collectif : un bâtiment dans lequel vivent plusieurs familles.

un habitat individuel : un bâtiment dans lequel vit une seule famille.

un lotissement : un ensemble de pavillons, parfois identiques, concentrés dans un même lieu.

un pavillon : une maison individuelle, en général pourvue d'un jardin.

rénover : remettre à neuf.

urbain : qui concerne la ville.

3 les paysages urbains
Les quartiers du travail

1 Un quartier d'affaires moderne La Défense près de Paris

voie d'accès des piétons   immeuble de bureaux   boulevard circulaire d'accès aux autoroutes et à Paris

○ Sur la carte 10 de l'atlas, situe Paris.
● À quoi vois-tu que ces immeubles sont récents ?
● À quoi vois-tu que ces immeubles contiennent des bureaux et non des appartements ?

Les quartiers de bureaux

De nombreuses entreprises installent leurs bureaux dans les quartiers historiques et prestigieux. Elles y occupent de beaux immeubles anciens (**doc. 1 p. 108**).

D'autres se regroupent dans des quartiers modernes : les quartiers d'affaires (**doc. 1**). On y trouve de vastes bureaux, mais aussi un grand nombre d'équipements qui facilitent la vie de ceux qui y travaillent : des moyens de transport et des parkings, des restaurants, des magasins, des activités de loisir…

Les usines

Les anciennes usines se trouvent au milieu des habitations (**doc. 2**). L'espace restreint ne leur permet pas d'étendre leurs activités et leur présence occasionne des nuisances : bruit, fumée, va-et-vient de camions. Beaucoup de ces anciennes usines sont donc détruites ou transformées en bureaux (**doc. 4**).

Les nouvelles usines s'installent loin des quartiers d'habitation, dans des quartiers réservés aux activités industrielles : les zones industrielles (**doc. 3**).

2 Une usine dans la ville

Pablo Picasso (1881-1973),
Fumées à Vallauris, huile sur toile,
Musée Picasso à Paris

○ Décris ce tableau :
les bâtiments, les fumées,
la végétation, l'allure générale
du site...

● Quels sont les inconvénients
de la présence des usines
dans les villes ?

● Que peut-on faire pour y remédier ?

3 Une usine moderne >

Usine automobile
à Rennes-la-Janais

○ Sur la carte 10 de l'atlas,
situe Rennes.

○ Décris ce paysage :
les bâtiments, les cheminées,
les parkings, les véhicules...

● Pourquoi y a-t-il
des cheminées
au-dessus des ateliers ?

○ Les bâtiments sont-ils
anciens ou récents ?

● Quel est le nom
de cette usine ?

● Que fabrique-t-elle ?

● À ton avis,
à qui appartiennent
ces automobiles
sur le parking au premier plan ?

4 Des ateliers réhabilités

Roubaix est née de l'industrie textile.
L'industrie et la ville se mélangent dans le
paysage urbain, même si la plupart des
usines ont aujourd'hui fermé leurs portes.
D'anciens ateliers ont été démolis ; beaucoup d'autres sont réutilisés, par exemple
en bureaux, de façon à sauvegarder leur
patrimoine architectural.

D'après J. Scheibling, Une industrie française ?
Documentation photographique n° 8012, 1999

○ Sur la carte 10 de l'atlas, situe Roubaix.

● Pourquoi a-t-on démoli d'anciens ateliers ?

● Pourquoi conserve-t-on certaines usines ?

LEXIQUE

les équipements : le matériel nécessaire à une
activité.

les nuisances : les inconvénients, les dangers.

un quartier d'affaires : un quartier d'une ville dans
lequel sont regroupés des bureaux.

réhabiliter : remettre en bon état et moderniser.

une usine : un lieu dans lequel on fabrique des
objets en grand nombre.

une zone industrielle : un quartier dans lequel
sont regroupées des usines.

4 l'échelle des cartes, outil du géographe
De la carte au plan

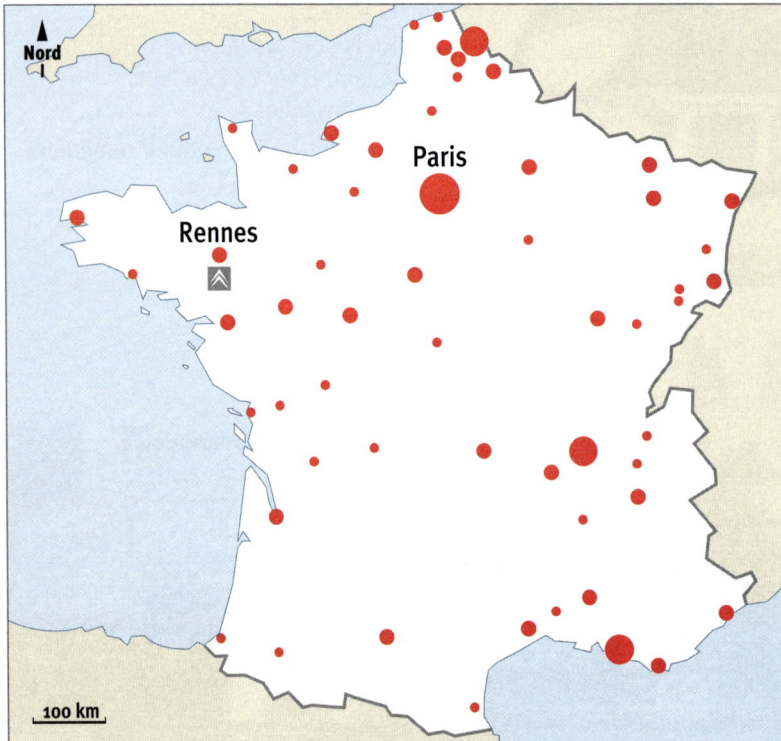

1 La carte de France

**L'usine Citroën
de Rennes-la-Janais en France**

La carte est une représentation d'un vaste espace vu du dessus.

- Que représente cette carte ?
- Quelles parties de la France peut-on y voir ?
- À ton avis, que représentent les points rouges ?
- Comment l'usine Citroën est-elle représentée ?
- À côté de quelle ville se trouve-t-elle ?
- Se trouve-t-elle au nord, au sud, à l'est ou à l'ouest de cette ville ?
- Cette carte fournit-elle beaucoup d'informations sur cette usine ?

2 La carte de la Bretagne

**L'usine Citroën
de Rennes-la-Janais en Bretagne**

Cette carte représente une région de France : la Bretagne.
Elle est comme un « gros plan » de cette région.
On dit qu'elle n'est pas à la même « échelle » que la carte de France.

- Sur la carte de France ci-dessus, retrouve la forme de la Bretagne.
- Quelles informations peut-on voir sur la carte de la Bretagne que l'on ne voyait pas sur la carte de France ?
- Cette carte permet-elle de mieux localiser l'usine Citroën de Rennes-la-Janais ?

3 Le plan de Rennes >

L'usine Citroën
de Rennes-la-Janais
au sud de Rennes

Le plan ressemble à une carte :
il est une représentation
d'un espace vu du dessus,
mais un espace plus petit.
Il n'est pas « à la même échelle »
que la carte.

○ Quelles parties de la Bretagne ne
sont pas représentées
sur ce plan ?

○ Près de quelles petites villes
se trouve l'usine Citroën ?

○ Ce plan est-il plus précis
ou moins précis que les cartes de
la page 112 ?

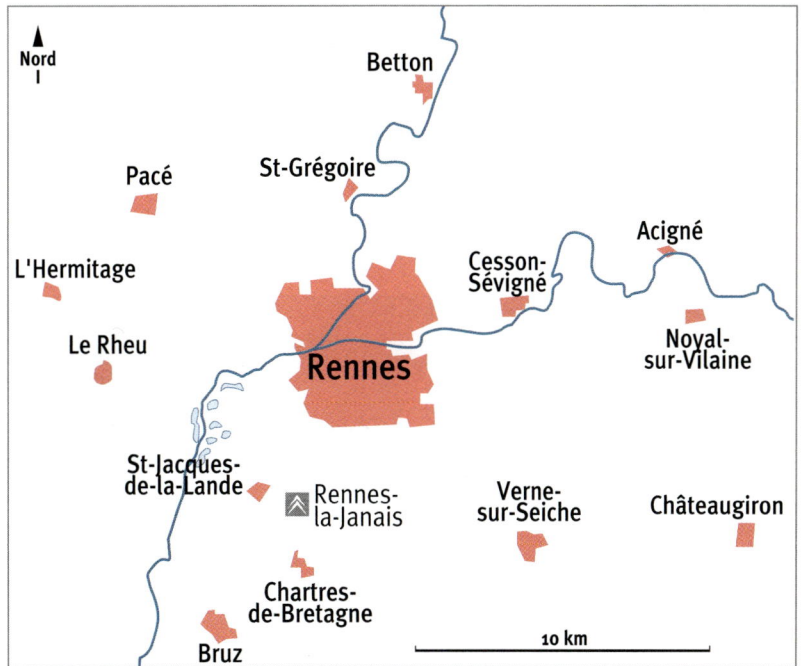

Nord

Betton

Pacé
St-Grégoire

Acigné

L'Hermitage
Cesson-
Sévigné

Le Rheu
Noyal-
sur-Vilaine

Rennes

St-Jacques-
de-la-Lande
Rennes-
la-Janais
Verne-
sur-Seiche
Châteaugiron

Chartres-
de-Bretagne
10 km

Bruz

4 Le plan de l'usine de Rennes-la-Janais >

Ce plan est à une échelle
encore différente :
il représente les bâtiments et les
équipements de l'usine Citroën.

○ Nomme les différents
bâtiments de l'usine ?

○ Situe les parkings.

○ Situe la piste d'essai.

● Pourquoi l'usine est-elle
installée près d'une route
et de voies de chemin de fer ?

● Parmi les cartes et les plans
de cette leçon, lequel fournit
le plus d'informations sur la
France ? sur l'usine Citroën ?

● Lequel utiliserais-tu
pour situer Rennes-la-Janais
par rapport à Paris ?
pour situer l'accueil de l'usine
par rapport à la piste d'essai ?

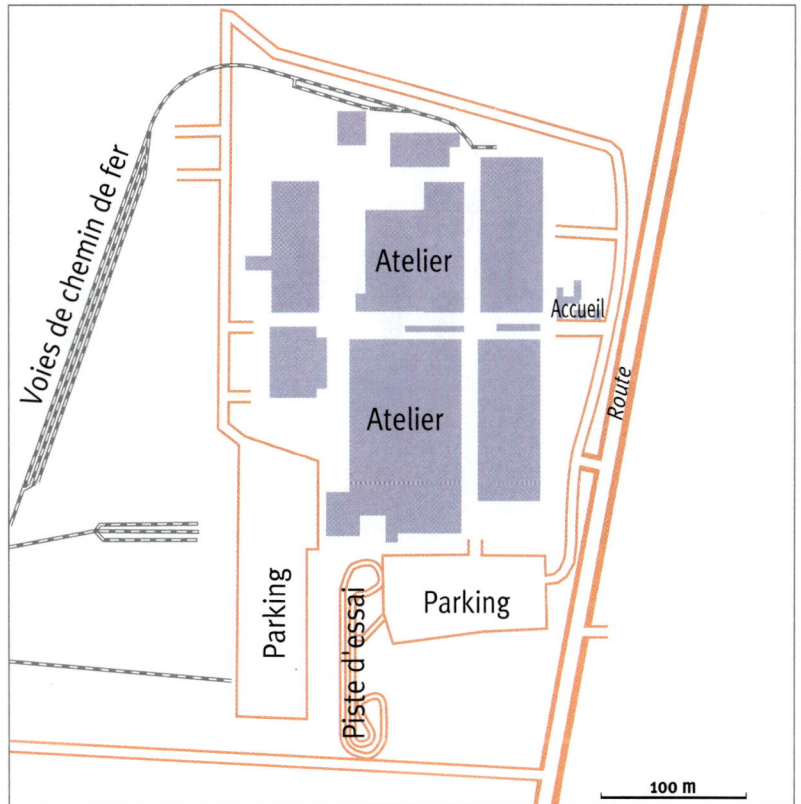

Voies de chemin de fer

Atelier

Accueil

Atelier

Route

Parking

Piste d'essai

Parking

100 m

5 L'échelle des cartes et des plans

| 100 km |

L'échelle de la carte permet de connaître les mesures et les distances dans la réalité.
Par exemple, l'échelle ci-dessus, qui fait 2 cm sur le papier, représente 100 km dans la réalité.

● Sur la carte de France (doc. 1), 1 cm représente 100 km dans la réalité :
quelle est la distance entre Rennes et Paris sur la carte ? dans la réalité ?

● Sur la carte de la Bretagne (doc. 2), mesure l'échelle. Calcule la distance entre Rennes et Lorient.

● Sur le plan de l'usine Citroën (doc. 4), mesure l'échelle.
Calcule la distance entre le parking et l'accueil.

5 les paysages urbains
Les paysages du commerce

1 Une rue commerçante piétonne
La place d'Erlon à Reims

○ Sur la carte 10 de l'atlas, situe Reims.

○ Cette photographie a-t-elle été prise au sol ou s'agit-il d'une vue aérienne ? Justifie ta réponse.

○ Décris ce paysage : la rue, les bâtiments, les commerces, les personnes présentes...

● Existe-t-il une rue commerçante piétonne près de chez toi ? Où se trouve-t-elle ?

● Quels sont les avantages des rues piétonnes ?

● À quel endroit et quels jours se tient le marché le plus proche de chez toi ?

● En quoi le paysage d'un marché est-il différent de celui d'une rue piétonne ? Cite au moins deux différences.

Les marchés

Les paysages de marchés se reconnaissent à leurs étals, sur lesquels sont principalement exposés des produits alimentaires frais (fruits, légumes, viandes et poissons), parfois des vêtements. Ils s'installent temporairement dans les rues, sur les places ou dans des halles.

Les magasins

Les magasins sont répartis dans les villes : petites boutiques spécialisées (épicerie, librairie, habillement...), grands magasins généralistes (habillement, meubles, bricolage...), supermarchés modernes...

D'anciens quartiers se spécialisent dans le commerce : ils rassemblent des petites boutiques et des grands magasins ; on y construit de vastes parkings souterrains et on y réserve certaines rues aux piétons pour les rendre plus accessibles et plus attrayants (doc. 1).

Les nouvelles zones commerciales

Les zones d'activité commerciale regroupent d'immenses hypermarchés et de grandes surfaces spécialisées (ameublement, bricolage,

2 Une zone d'activité commerciale La lézarde à Montiviliers, près du Havre

magasin spécialisé   parking   autoroute   accès piétons   hypermarché

○ Sur la carte 10 de l'atlas, situe Le Havre.

○ Décris le paysage : les bâtiments (forme, taille, matériaux, enseigne), les parkings, l'arrière-plan.

○ Quels produits vend-on dans cette zone d'activité commerciale ?

● Pourquoi cette zone d'activité commerciale possède-t-elle un vaste parking ?

● Pourquoi a-t-elle été construite à côté d'une autoroute ?

● Quels sont les avantages d'une telle zone commerciale ? Quels en sont les inconvénients ?

● Où se trouve la zone commerciale la plus proche de chez toi ?

habillement, sport…) **(doc. 2)**.
Des centres commerciaux modernes rassemblent des grands magasins et des boutiques dans des bâtiments conçus comme des petites villes, avec des galeries comme des rues intérieures **(doc. 3)**.

LEXIQUE

une galerie marchande : un couloir couvert, réservé aux piétons et bordé de magasins.

une halle : un bâtiment ouvert sur l'extérieur qui abrite un marché.

3 Les centres commerciaux

Les centres commerciaux rassemblent, autour de vastes parkings, différentes activités : une galerie marchande avec ses nombreux commerces spécialisés, des restaurants, parfois des cinémas, et un hypermarché ou un grand magasin. Le plus grand centre commercial de France est celui de La Part-Dieu à Lyon. Ce type de commerce est apprécié car il permet de fournir, sur un espace réduit, tout ce que demande le consommateur.

D'après M. Baleste, L'Économie française, Armand Colin, 1995, 13e édition

● Quels types de magasins ou de services trouve-t-on dans un centre commercial ?

● Pourquoi possède-t-il des parkings ?

● Connais-tu un centre commercial ? Lequel ?

115

6 les paysages urbains
Les loisirs et la culture

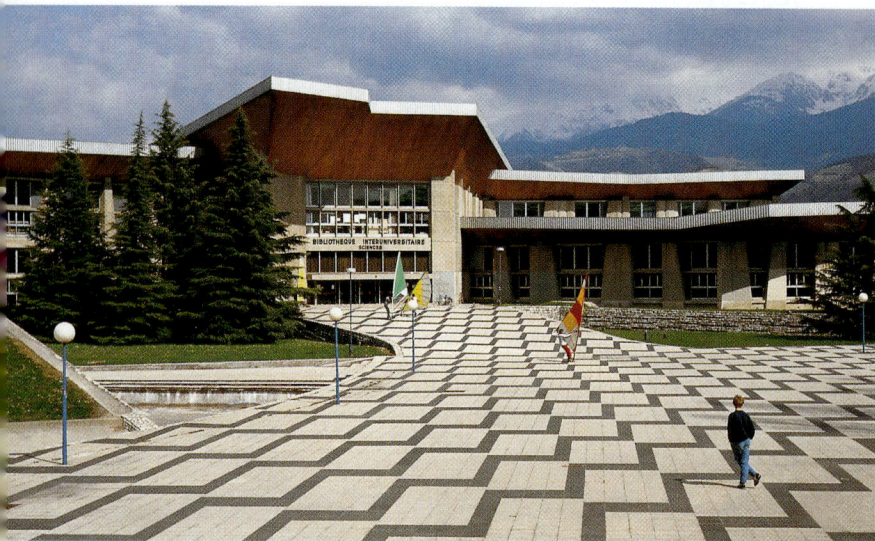

1 Une bibliothèque universitaire
Grenoble

○ Sur la carte 10 de l'atlas, situe Grenoble.

● À quoi sert une université ? une bibliothèque ? À qui sont-elles destinées ?

○ Décris ce paysage : le bâtiment, l'arrière-plan… Quelle impression s'en dégage ?

● Y a-t-il une bibliothèque près de chez toi ? Où se trouve-t-elle ? Y es-tu déjà allé ?

2 Un opéra
Rennes

○ Sur la carte 10 de l'atlas, situe Rennes.

○ Décris ce bâtiment : formes, matériaux…

○ Quel équipement de loisir se trouve au premier plan ?

● À quoi sert un opéra ? un théâtre ?

● Nomme d'autres bâtiments qui servent à la culture ?

● Y a-t-il un opéra, un théâtre, un cinéma près de chez toi ?

● Y a-t-il un monument célèbre ? Où se trouve-t-il ? De quand date-t-il ? Qui le visite ?

La ville : un espace culturel

Les villes sont pourvues d'écoles, de collèges et de lycées. Les plus grandes possèdent également des universités, installées dans des bâtiments anciens ou, au contraire, très modernes (doc. 1).

Certains quartiers urbains rassemblent plusieurs bâtiments à caractère culturel : des musées, des monuments, des bibliothèques, des théâtres, des opéras (doc. 2), des cinémas… Ils attirent beaucoup de monde : les habitants de la ville et des touristes. Ils sont animés, notamment le soir et le week-end.

3 Un jardin public Le parc André Malraux à Nanterre, à l'ouest de Paris ∧

○ Décris ce paysage :
la végétation, les équipements,
les bâtiments, les personnes
présentes...

○ À quoi vois-tu que ce parc
se trouve en ville
et non à la campagne ?

● À quoi sert un jardin public ?
À qui est-il destiné ?

4 Un terrain de sport >
Valenton, au sud-est de Paris

○ Décris ce terrain de sport et ses
alentours : les équipements,
les bâtiments, la végétation...

● À quoi sert un terrain
de sport ? un stade ?

● Quels autres équipements
servent aux loisirs ?

● Y a-t-il un terrain de sport
près de chez toi ?
Où se trouve-t-il ? Qui l'utilise ?

La ville : un espace de loisirs

Les loisirs occupent une place importante dans la vie des citadins. Les villes comportent donc des jardins publics, des parcs (doc. 3), des complexes sportifs et des zones de jeux (doc. 4), des bases de loisirs...

LEXIQUE

un complexe sportif : un ensemble d'installations sportives (piscine, gymnase, terrain de sports...).

un parc d'attraction : un vaste parc qui propose des jeux et des activités payantes.

7 les plans, outils du géographe
Le plan et son orientation

1 Se situer >

Sur ce plan de Strasbourg, on a tracé un quadrillage pour aider le lecteur à se situer.
Chaque case correspond à une lettre (en haut) et à un chiffre (sur le côté).
Par exemple, le Musée alsacien se trouve dans la case C7.

○ Sur la carte 10 de l'atlas, situe Strasbourg.

○ Quel parc se trouve dans la case D3 ?

○ Dans quelles cases se trouve la faculté de médecine ?

○ Dans quelles cases se trouvent les bibliothèques ?

○ Nomme deux monuments qui se trouvent sur la place de la République.
Dans quelle case se trouvent-ils ?

2 S'orienter >

La rose des vents permet de savoir où se trouvent le nord et les autres points cardinaux.

○ Trouve la rose des vents sur la carte.

○ Où se trouve le nord ?

Le nord se trouve souvent vers le haut de la carte (pas toujours).
Avant d'utiliser une carte, il faut soigneusement rechercher l'indication du nord
(une rose des vents, une flèche avec la lettre N).

○ Où se trouve le stade : au nord ou au sud de Strasbourg ?

○ Où se trouve l'Hôtel du département : au sud-est ou au sud-ouest ?

○ Où se trouve la gare ?

○ Nomme un équipement sportif qui se trouve à l'est de Strasbourg.

● Le Palais du Rhin se trouve-t-il à l'est ou à l'ouest du Palais de Justice ?

3 Se déplacer avec un plan >

Le plan d'une ville permet de se déplacer et de trouver son chemin.

○ Nomme quelques rues de Strasbourg.

○ Nomme deux places.

○ Quelle avenue faut-il prendre pour aller du parc du Contades à la Préfecture ?

○ Quelles rues faut-il prendre pour aller de la place de Hagueneau à la Préfecture ?

○ Quelle rue faut-il prendre pour aller de la cathédrale à l'avenue de la Marseillaise ?

● Effectue le trajet suivant :
– depuis l'Hôtel du département, prends la rue Quinkwiller :
comment s'appelle le quai qui prolonge cette rue ?
– prends la deuxième rue à gauche sur ce quai et va jusqu'au bout de la rue :
sur quelle rue débouches-tu ?
– au bout, prends la rue à droite : sur quelle place arrives-tu ?
Quel bâtiment se trouve sur cette place ?

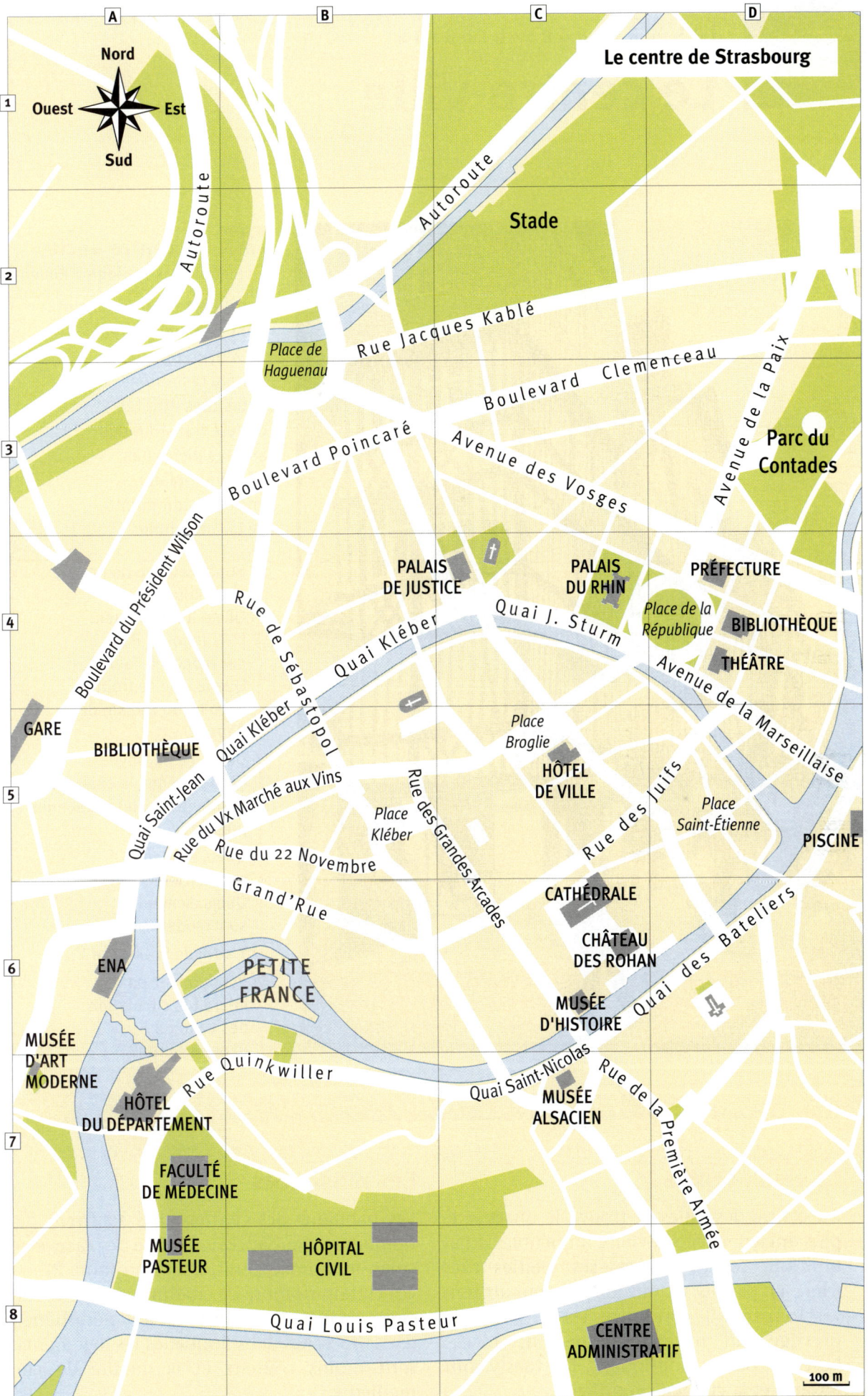

Le centre de Strasbourg

Nord
Ouest — **Est**
Sud

Autoroute

Autoroute

Stade

Rue Jacques Kablé

Place de Haguenau

Boulevard   Clemenceau

Avenue de la Paix

Boulevard Poincaré

Avenue des Vosges

Parc du Contades

Boulevard du Président Wilson

Rue de Sébastopol

PALAIS DE JUSTICE

PALAIS DU RHIN

PRÉFECTURE

Quai Kléber

Quai J. Sturm

Place de la République

BIBLIOTHÈQUE

THÉÂTRE

Quai Kléber

GARE

BIBLIOTHÈQUE

Quai Saint-Jean

Rue du Vx Marché aux Vins

Place Broglie

HÔTEL DE VILLE

Rue des Juifs

Place Saint-Étienne

Avenue de la Marseillaise

PISCINE

Place Kléber

Rue des Grandes Arcades

Rue du 22 Novembre

Grand'Rue

CATHÉDRALE

ENA

PETITE FRANCE

CHÂTEAU DES ROHAN

Quai des Bateliers

MUSÉE D'HISTOIRE

MUSÉE D'ART MODERNE

Rue Quinkwiller

Quai Saint-Nicolas

MUSÉE ALSACIEN

Rue de la Première Armée

HÔTEL DU DÉPARTEMENT

FACULTÉ DE MÉDECINE

MUSÉE PASTEUR

HÔPITAL CIVIL

Quai Louis Pasteur

CENTRE ADMINISTRATIF

100 m

8 les paysages urbains
Le centre-ville

1 Un centre ancien
La rue du Gros Horloge à Rouen

Ces maisons anciennes, dont certaines datent du Moyen Âge, ont été restaurées et les rues étroites ont été transformées en rues piétonnes. En arrière-plan, on voit le toit pointu de la cathédrale.

○ Sur la carte 10 de l'atlas, situe Rouen. Où se trouve Rouen par rapport à Paris ? par rapport à Tours ? Quelle ville se trouve à moins de 100 km de Rouen ?

○ Décris ce paysage : les bâtiments, la chaussée, les magasins, les personnes présentes…

○ Quels éléments sont anciens ? Quels éléments sont modernes ?

○ Y a-t-il de la verdure ?

● Pourquoi a-t-on interdit la circulation des voitures dans cette rue ?

Le vieux centre

Au centre des villes se trouve le quartier le plus ancien, avec ses vieux immeubles d'habitation, ses boutiques, ses vieilles rues (**doc. 1**), parfois ses monuments qui attirent les touristes. Il concentre les activités de prestige qui nécessitent peu de place : bureaux, petites boutiques… Les rues y sont étroites et la circulation difficile.

Les nuisances

Les habitants des centres-villes souffrent de nombreuses nuisances : manque de place, circulation difficile, bruit, pollution (**doc. 2**)… Un certain nombre de citadins ont quitté les centres-villes pour s'installer à la périphérie, dans des zones dans lesquelles les logements sont moins coûteux et la qualité de vie meilleure.

2   Les nuisances

Avec un feu rouge tous les 150 m, une vitesse moyenne de 18 km/h et un stationnement presque partout payant, les automobilistes pourraient être découragés de circuler dans Paris. Pourtant, plus de 3 millions de véhicules entrent et sortent chaque jour de la capitale, y formant quantité de bouchons. La circulation automobile provoque un bruit intense. Elle cause 80 % de la pollution de l'air, avec des pics aux heures d'entrée et de sortie des bureaux...

D'après V. Guidoux, Mon Guide, Paris, Casterman SA, 1997

○ Quelles nuisances sont provoquées par la circulation des voitures dans Paris ?

● Que peut-on faire pour y remédier ?

3   Un centre moderne ∧
La Part-Dieu à Lyon

Pour restaurer son centre ancien, Lyon a fait raser des quartiers vétustes et construire de nouveaux bâtiments, comme cette tour ronde que les Lyonnais surnomment le « crayon ».

○ Sur la carte 10 de l'atlas, situe Lyon.

○ Décris ce que tu vois : les bâtiments anciens et les bâtiments récents...

○ Quels éléments sont anciens ?
Quels éléments sont modernes ?

● À quel moment de la journée cette photographie a-t-elle été prise ? Justifie ta réponse.

● Comment est le centre-ville le plus proche de chez toi ?
Décris-le : est-il ancien ou moderne ?

La rénovation des centres-villes

Pour améliorer les conditions de vie de leurs habitants et attirer les touristes, certaines villes rénovent leur centre : elles restaurent les bâtiments vétustes, développent les transports en commun, créent des parkings, encouragent la circulation des bicyclettes, réservent des rues aux piétons... Certaines font même construire un centre moderne (doc. 3). Grâce à ces efforts, les centres-villes attirent à nouveau les citadins.

LEXIQUE

la **périphérie** : l'espace, construit ou non, situé autour d'une ville.

restaurer, rénover : remettre en bon état.

vétuste : vieux et très abîmé.

121

9 Le centre-ville

1 Le centre dans la ville ∨

Maurs-la-Jolie, Cantal
Edmond Van de Wiele,
« Maurs la Jolie », peinture, 1990

○ Décris le paysage de cette photographie : les bâtiments, les rues, la forme du centre-ville, l'endroit d'où le photographe a pris cette vue…

○ Décris le tableau ci-dessous : les formes, les couleurs utilisées.

● Quelle caractéristique du centre-ville de Maurs le peintre a-t-il mis en valeur ?

2 Plusieurs visions du centre-ville >

○ Décris un à un ces tableaux :
– la technique employée (peinture, collage, photographie…) ;
– les éléments représentés : bâtiments, monuments, rues, personnages…
– les couleurs ;
– le caractère plus ou moins figuratif…

● Quelle impression se dégage de chacun des cinq tableaux de cette leçon ?

● Lequel donne une vision gaie du centre-ville ?
Lesquels en donnent une vision angoissante ?

● Lequel représente le mieux l'agitation qui règne dans les grandes villes ?

● Lequel représente le mieux la démesure entre les hommes et l'immensité de la ville ?

● Imagine un titre pour chacune de ces œuvres.

● Laquelle préfères-tu ? Explique ton choix.

George Grosz (1893-1959), « Metropolis, 1916-17 »,
huile sur toile, Collection Thyssen-Bornemisza à Madrid

Fernand Léger (1881-1955), « Les Toits de Paris »,
1912, huile sur toile, 90 x 64 cm,
Centre G. Pompidou-MNAM-CCI à Paris

Robert Doisneau (1912-1994), Paris reconstruit
(« Le Lecteur du pont Mirabeau »), photographie

Paul Citroën (1896-1983), « Metropolis, 1923 », 1969,
photomontage, 81 x 62 cm, Galleria Pictogramma à Rome

10 les paysages urbains
La périphérie des villes

1 Le centre-ville et la périphérie Gap et ses environs

centre ancien   complexe sportif   lotissement

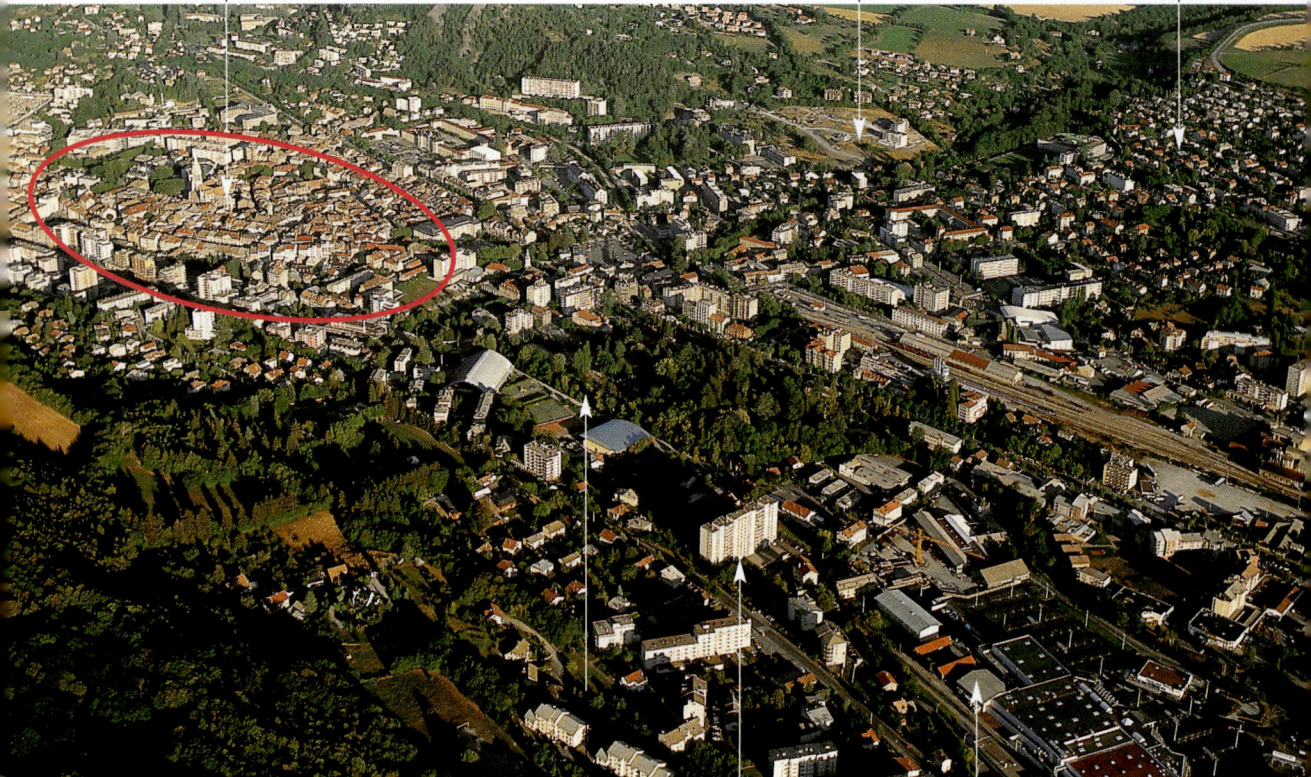

parc   grand ensemble   zone d'activités

○ Sur la carte 10 de l'atlas, situe Gap.

○ Cette photographie a-t-elle été prise au sol ou s'agit-il d'une vue aérienne ? Justifie ta réponse.

○ À quoi reconnais-tu le centre-ville ?

● Pourquoi les lotissements, les grands ensembles, les équipements sportifs et la zone d'activités commerciale ne se situent-ils pas dans le centre-ville ?

Des banlieues en expansion

La population urbaine augmente chaque année en France. Au fur et à mesure de cette croissance, de nouveaux quartiers apparaissent autour des villes et la périphérie s'étend toujours plus (**doc. 1**). Les banlieues des plus grandes villes s'étendent parfois sur des kilomètres de long.

Des espaces disponibles

Les grands ensembles, les lotissements avec jardins, les zones d'activités commerciales, les zones industrielles, les grands complexes sportifs et de loisirs ont besoin d'espace, ce qui manque justement dans les centres-villes. Ils s'installent donc dans des banlieues de plus en plus lointaines (**doc. 1**).

embranchement d'autoroute   zone industrielle   ville de banlieue   autoroute   grands ensembles   parking

○ Cette photographie a-t-elle été prise au sol ou s'agit-il d'une vue aérienne ?
Justifie ta réponse.

○ Décris ce que tu vois : la nature, les bâtiments, les routes, les véhicules, les lacs…

● Quels sont les avantages de la vie dans cette banlieue ? Quels en sont les inconvénients ?

Des moyens de transport

Pour faciliter la circulation entre la ville et la périphérie, et entre les différentes banlieues, on construit des routes, des autoroutes et des voies ferrées **(doc. 2)**. Pour diminuer le trafic et ses inconvénients (embouteillages, pollution), on développe les transports en commun (bus, métro, trains, tramways…) et l'on crée de gigantesques parcs de stationnement à l'entrée des villes.

LEXIQUE

la banlieue : les zones construites qui se trouvent autour d'une ville.

11 les plans, outils du géographe
Le plan et sa légende

1 Découvrir la carte >

○ Sur le plan de Gap, situe le centre-ville.
Par quoi est-il délimité ?

○ La cathédrale se trouve-t-elle dans le vieux centre ? et la piscine ? et la patinoire ?

● Quelle carte ou quel plan parmi ceux des pages 112-113 possède une échelle proche de celle du plan de Gap ?

○ Situe la périphérie de Gap : est-elle plus vaste ou moins étendue que le centre-ville ?

○ Nomme un quartier de l'ouest, un quartier du sud-ouest et un quartier du nord de cette périphérie.

● Comment la zone urbaine se dispose-t-elle par rapport au centre-ville ?
Quel rapport peut être fait avec la disposition des principales routes ?

LÉGENDE

Centre-ville

Zone urbaine

Zone périurbaine

Zone d'activités

Espace vert

Cimetière

Rue

Rue piétonne

Rivière

Chemin de fer

Lotissement

Mairie

Cathédrale

H Hôpital

École

Collège

Lycée

H Hôpital

M Musée

T Théâtre

M Conservatoire de musique

Bibliothèque

Stade

P Patinoire

Piscine

2 Comprendre les couleurs et les symboles

La légende donne la signification des couleurs et des symboles utilisés sur la carte.

○ De quelle couleur les espaces verts sont-ils représentés ?

● À ton avis, pourquoi a-t-on choisi cette couleur ?

○ Comment les rues piétonnes sont-elles représentées ? Où se trouvent-elles ?

○ Que représentent les autres couleurs utilisées ?

○ Situe la zone d'activités. Se trouve-t-elle dans le centre-ville ?

● Pourquoi ?

○ Comment sont représentées les écoles ? les collèges ? les lycées ?

○ Que représente le carré avec la lettre H à l'intérieur ? Où le trouves-tu sur la carte ?

○ Comment les lotissements sont-ils représentés ? Où se trouvent-ils ?

● Pourquoi ne les a-t-on pas construits dans le centre-ville ?

● Que ne comprendrais-tu pas sur cette carte si elle n'avait pas de légende ?

Gap et sa périphérie

Nord **Ouest** **Est** **Sud**

A B C D

VARSIE

BONNEVAL

Avenue du Commandant Dumont

H

SUPER-GAP

GARE

Avenue du Maréchal Foch

M

Les Fauvins

UNIVERSITÉ

M

P

LA BLACHE

Boulevard de la Libération

Boulevard Georges Pompidou

H

T

KAPADOS

LES CEDRES

Avenue Jean Jaurès

Rue de Valserres

SAINT-ROCH

100 m

127

12 les paysages urbains
Les zones périurbaines

1 Des citadins et des entreprises à la campagne Gosnay à l'est de Béthune

grand ensemble   village ancien   route   usine   lotissement   champs

○ Sur la carte 10 de l'atlas, situe Béthune.

○ À quoi vois-tu que cette région se situe en zone périurbaine (à la campagne mais près d'une ville) ?

● Pourquoi certaines personnes qui travaillent en ville choisissent-elles de vivre dans ce village ?

● Quels problèmes cela leur pose-t-il dans leur vie quotidienne ?

Des citadins à la campagne

Les prix élevés des logements dans les villes mais aussi le mode de vie stressant et les nuisances conduisent certains citadins à quitter les grandes villes pour la campagne.

Beaucoup s'installent au-delà des banlieues, presqu'à la campagne mais non loin des routes, de façon à se rendre chaque jour à leur travail, en ville (doc. 1).

Des activités à la campagne

Certaines entreprises s'installent également en zone périurbaine, où elles disposent de vastes espaces pour leurs activités (doc. 2) et où leurs employés peuvent mener une vie plus agréable qu'en ville.

Mais elles restent proches des villes, dans lesquelles vivent leurs clients, et près des routes, pour permettre un accès facile.

2 Un parc d'attractions

Le Futuroscope près de Poitiers

Ouvert en 1987, ce grand parc d'attractions, consacré aux nouvelles technologies de l'image (cinéma, animation...), couvre 60 hectares.

○ Sur la carte 10 de l'atlas, situe Poitiers.
○ Décris ce que tu vois : les bâtiments, les équipements, la végétation, l'arrière-plan...
● Pourquoi ce parc d'attractions est-il situé près d'une ville ?
● Pourquoi a-t-il été construit loin du centre-ville ?
● Quels équipements a-t-il fallu construire pour faciliter l'accès à ce parc ?
● Connais-tu d'autres parcs d'attractions français ? Près de quelles villes se trouvent-ils ?

Des paysages transformés

L'arrivée de citadins et d'entreprises dans les campagnes transforme les paysages. Les villages, autrefois peu peuplés, s'agrandissent avec la construction de nouveaux quartiers (doc. 1). Il faut créer des structures d'accueil pour les enfants (garderies, écoles), des équipements de loisirs, et développer les routes. Les paysages périurbains ne sont plus vraiment des paysages de campagne, mais ils ne ressemblent pas aux paysages urbains du centre-ville et des banlieues proches.

LEXIQUE

attractif : qui attire.
périurbain : qui concerne la campagne proche de la ville.

13 les paysages urbains
Les villes nouvelles

Des villes sans passé

Les villes sont généralement d'anciens villages qui ont grandi et qui se sont transformés. À l'inverse, les « villes nouvelles » ont été construites « de toutes pièces », dans des zones périurbaines voire rurales.

Près d'un million de personnes en France vivent dans les villes nouvelles.

Des villes complètes

Les villes nouvelles ont été conçues pour rendre la vie agréable à leurs habitants. On y trouve donc ce dont ils ont besoin : des logements neufs, des bureaux et des zones industrielles (donc des emplois), des magasins, des écoles, des hôpitaux, des équipements de loisirs, des moyens de transport (**doc. 1 et 2**)…

Des villes en crise

Tout a été prévu pour offrir un agréable cadre de vie : une place centrale animée, des espaces verts, des rues et des passerelles réservées aux piétons, des animations (**doc. 3**)… Malheureusement, ce cadre de vie s'est dégradé au fil du temps. Les logements ont mal vieilli, les lieux publics sont mal entretenus. Il manque des équipements importants dans certaines villes nouvelles et la délinquance se développe (**doc. 4**).

1 Noisy-le-Grand en Ile-de-France

○ Sur la carte au dos de l'atlas,
   situe la région Ile-de-France.

○ Décris ce paysage : les bâtiments, la végétation,
   le bassin, la circulation...

● Quelle impression s'en dégage ?

2 L'Isle-d'Abeau en Rhône-Alpes ∧

○ Sur la carte au dos de l'atlas,
   situe la région Rhône-Alpes.

○ Décris ce paysage : les bâtiments, la végétation,
   la route, la circulation...

● Quelle impression s'en dégage ?

3 Un projet idéal

Sur les documents, on nous annonçait une vie toute belle, « lisse » : ici des fêtes, là une avenue animée, là-bas des gamins faisant des pirouettes dans un espace vert. Les zones d'activité côtoyaient les charmants quartiers fleuris. Les équipements sortaient rapidement de terre, théâtre, bibliothèque, piscine, commerces. Sur la place, une « bricolerie » attendait nos enfants pour la durée des courses. Des ateliers de travail du bois et du fer permettaient aux jeunes couples de fabriquer leurs bibliothèques et de se rencontrer !

D'après J.-C. Brémaud, Les Cahiers du Crepif n° 58, mars 1997

○ Quels éléments de ce projet ont attiré
   les habitants ?

4 Une réalité difficile

La délinquance progresse, tags et dégradations apparaissent. Beaucoup de propriétaires cherchent à quitter le quartier. Certains baissent les prix de leurs appartements pour réussir à les vendre. D'autres préfèrent louer à des familles précarisées qui ne peuvent bientôt plus payer. L'engrenage est en place. La situation va en s'aggravant. L'an dernier, quelques appartements étaient vides dans l'immeuble le plus dégradé. Cette année, sur 128 logements, 65 sont vacants. Le prix des appartements a encore baissé.

D'après un témoignage recueilli par les auteurs

○ Quels éléments incitent les habitants d'Évry
   à s'installer ailleurs ?

● Pourquoi le prix des logements baisse-t-il ?

14 les plans, outils du géographe
Le plan des transports

1 La zone urbaine et périurbaine >

○ Sur la carte 10 de l'atlas, situe Poitiers.

○ Sur le plan ci-contre, comment le centre-ville et la périphérie sont-ils représentés ?
(Aide-toi de la légende ci-dessous)
Situe-les sur la carte.

○ Situe le Futuroscope : où se trouve-t-il ?

● Pourquoi les transports sont-ils indispensables dans la périphérie et dans la zone périurbaine ?

2 Les axes routiers >

○ Où passe l'autoroute par rapport à Poitiers ? Quelles villes relie-t-elle ?

○ Comment s'appelle la voie rapide qui contourne le centre-ville ? Comment est-elle représentée ?

○ Pour se rendre de l'hôtel de ville au Futuroscope, peut-on passer par l'autoroute ? par la route ?

LÉGENDE

- ▬ Centre-ville
- ▬ Périphérie
- ▬ Zone périurbaine

- ═══ Auroroute
- ═══ Voie rapide
- ─── Route

- ┅┅ Chemin de fer
- ▬ Gare

- ▬ Ligne de bus
- **11** Terminus de bus

- ✈ Aéroport

3 Les voies de chemin de fer >

○ Situe la gare de Poitiers.
Où se trouve-t-elle par rapport au centre-ville ?
Nomme une autre gare.

○ Situe la voie de chemin de fer qui passe par Poitiers. Quelles villes relie-t-elle ?

○ Peut-on se rendre en train de Poitiers au Futuroscope ?

4 Les autobus >

○ Nomme une ligne d'autobus qui traverse le centre de Poitiers.

○ Dans quelle direction le bus numéro 6 qui part de la gare de Poitiers se déplace-t-il ?

○ Quelle ligne d'autobus faut-il prendre pour aller de la gare de Poitiers au Futuroscope ?

● Quelles lignes d'autobus peut-on emprunter pour aller de Chantejeau au Futuroscope ?
Où faut-il changer d'autobus ?

5 Les transports aériens >

○ Situe l'aéroport de Poitiers.

● Pourquoi a-t-il été construit hors du centre-ville ?

● Pourquoi a-t-il été construit près de l'autoroute ?

○ Comment peut-on se rendre de l'aéroport au Futuroscope ?

Poitiers et sa périphérie

Nord
Ouest — Est
Sud

17
⭐ **Futuroscope**

CHASSENEUIL-DU-POITOU

Paris ↑ Paris ↑

Chardonchamps

18

10
Buxerolles

BUXEROLLES

Parcobus Demi-Lune
71

Saint-Éloi
10
4
5

Breuil-Mingot
15

Hôtel de Ville

17 4
Gare de Poitiers
18
15
19

6 9

Biard
6

MIGNALOUX-BEAUVOIR

12
Parcobus Champlain

19 5
Camille Guérin

FONTAINE-LE-COMTE

91 Saint-Gervais

SAINT-BENOIT

← Bordeaux

Limoges, Angoulême →

Mignaloux

9
Chantejeau

12 Limoges →

91 Fontaine-le-Comte

Angoulême ↓   ↓ Bordeaux

1 km

133

15 les paysages ruraux
Les régions agricoles

1 L'openfield Bassin parisien

champs non fermés

rares espaces boisés

maisons groupées

- Sur la carte 11 de l'atlas, situe le Bassin parisien. Nomme une autre région d'openfield.
- Décris ce paysage : les cultures, les arbres, les bâtiments...
- Qu'est-ce qui occupe la plus grande surface : l'habitat, l'espace cultivé ou les arbres ?
- Qu'est-ce qui délimite les champs ?

Des paysages semblables

La campagne occupe la plus grande partie du territoire français : c'est l'espace rural. Les paysages ruraux se composent de champs, de prés, de forêts et de bois.

Les activités agricoles d'une même région se ressemblent, car les agriculteurs se spécialisent dans les mêmes cultures : aussi les paysages agricoles d'une même région possèdent-ils des caractéristiques communes.

Des paysages particuliers

– L'openfield est un paysage composé de vastes champs sans clôture (**doc. 1**), avec peu d'espaces boisés. Les différentes cultures donnent des couleurs variées au paysage. On le trouve dans le Bassin parisien et dans le Bassin aquitain (**carte 11 de l'atlas**).

– Le bocage se compose d'une succession de petits champs et de prés fermés par des haies ou des murets (**doc. 2**). On trouve le

2 Le bocage >
Bretagne

Dans le paysage de bocage, les champs sont entourés de haies et de murets. Ceux-ci permettent de garder le bétail, de protéger la végétation du vent et, sur les pentes, évitent un écoulement trop rapide des eaux de pluies.

○ Sur la carte 11 de l'atlas, situe la Bretagne. À l'aide de la carte, nomme une autre région de bocage.

○ Décris ce paysage : végétation, bâtiments...

● Quelle est l'activité principale dans ce paysage ?

nombreux espaces boisés

maisons dispersées

champs séparés par des haies

3 Paysage de culture délicate >
Culture du melon dans le midi

Ces tunnels en plastique laissent passer la lumière, indispensable aux végétaux, conservent la chaleur et protègent les plantes des rongeurs.

○ Sur la carte 11 de l'atlas, situe les régions de cultures délicates.

● Quelles autres cultures protège-t-on dans des serres ?

● Quel autre matériau sert à fabriquer des serres ?

bocage essentiellement à l'ouest de la France (carte 11 de l'atlas).

– Les paysages de cultures délicates ressemblent à de vastes jardins, dans lesquels on cultive la vigne (doc. 1 p. 140), des légumes, des fruits et des fleurs. Des serres protègent les cultures les plus fragiles (doc. 3). Ces paysages se trouvent dans les régions de vignobles et surtout autour de la Méditerranée (carte 11 de l'atlas).

LEXIQUE

le bocage : paysage de champs clos par des haies.
boisé : couvert d'arbres.
un champ : un terrain cultivable.
l'openfield : paysage de champs ouverts.
un pré : un terrain herbeux, qui sert généralement à nourrir les animaux.
rural : de la campagne.
une serre : un abri en verre ou en plastique pour les plantes que l'on cultive.

16 les paysages ruraux
Les forêts

1 Une forêt aménagée
Rambouillet au sud-ouest de Paris

● Quels indices permettent de dire que cette forêt est aménagée et entretenue ?

Des espaces transformés

Les bois et les forêts occupent un quart du territoire français. Ils couvrent essentiellement les terrains que les hommes n'ont pas défrichés : terrains en pente ou peu fertiles (carte 11 de l'atlas).

Partout en France, les forêts sont exploitées : on coupe certains arbres pour favoriser la croissance des autres et pour utiliser le bois ; on aménage des zones de promenade (doc. 1), avec des chemins, un balisage, des lieux de pique-nique ou de jeux.

Un patrimoine protégé

Les forêts françaises subissent parfois de graves dommages. En décembre 1999, elles

2 Feu de forêt ∧
Le massif des Maures,
dans le Var

- Par quoi les feux de forêts sont-ils provoqués ?
- En quoi représentent-ils un danger pour la nature ? pour les hommes ?
- Que peut-on faire pour lutter contre ce problème ?

3 La forêt française se porte bien !

Les surfaces boisées ne cessent de gagner du terrain en France : 4 millions d'hectares supplémentaires en cinquante ans. Pour cela, il a fallu sans cesse protéger, entretenir, nettoyer, replanter les espaces boisés.

En revanche, les arbres « épars » qui constituent les haies, les bosquets, les vergers, les alignements de bords de rivières ou de routes, disparaissent progressivement.

D'après J.-P. Besset, Le Monde, 5 décembre 1996

- Que peux-tu faire pour participer à la protection de la forêt ?

---

ont été fortement abîmées par une grande tempête. Chaque été, la sécheresse favorise la propagation des incendies dans les forêts du sud de la France **(doc. 2)**.

Mais les forêts françaises se portent bien : l'État et les régions protègent ce patrimoine en luttant contre les incendies et en reboisant sans cesse **(doc. 3)**.

LEXIQUE

aménager : transformer pour rendre plus agréable.
un bois : un terrain couvert d'arbres.
défricher : couper les arbres pour cultiver.
une forêt : un vaste terrain couvert d'arbres.
le patrimoine : les richesses.
reboiser : replanter des arbres.

17 les cartes, outils du géographe
La carte et son orientation

LÉGENDE

■ Forêt

■ Clairière

∴ Habitations

◗ Marais ou étang

∼ Rivière

═ Route importante

═ Petite route ou chemin

1 Découvrir la carte >

La forêt de pins des Landes,
au sud-ouest de la France,
est la plus grande forêt d'Europe.
C'est aussi une forêt totalement artificielle,
c'est-à-dire créée par les hommes
qui, il y a 250 ans, ont planté des pins
pour assécher les marais de la région.

○ Sur la carte 11 de l'atlas,
situe la forêt des Landes.

Oriente la carte ci-contre.

○ Où se trouve le nord ?
○ Où se trouve le village de Labrit ?
○ Où se trouve le hameau de Brousson ?
celui de Caché ? celui de Poulonne ?
○ En utilisant les points cardinaux,
situe ces lieux les uns par rapport aux autres :
Caché, Brousson et Poulonne.

Découvre et utilise l'échelle puis la légende.

○ D'après l'échelle, 4 cm sur la carte représentent 1 km dans la réalité.
Mesure, sur la carte, la distance entre Caché et Serp.
Quelle est distance dans la réalité ?

○ Quelle est la couleur dominante de cette carte ? Que représente-t-elle ?
Que peux-tu en conclure sur le paysage des Landes ?

○ Comment les grandes routes sont-elles représentées ? et les chemins ?
Y a-t-il plus de grandes routes que de chemins ?
Que peux-tu en conclure sur le paysage des Landes ?

○ Les marais ont-ils été totalement asséchés ? Justifie ta réponse.

2 Se déplacer avec la carte >

En te repérant sur la carte, imagine que tu te promènes dans la forêt en suivant ce trajet :

● Depuis Labrit, prends la route qui va vers le nord.
Prends le deuxième chemin sur ta gauche : dans quelle direction marches-tu ?
En arrivant dans la Lande de la Grimace, que vois-tu sur ta droite ?
Tourne à gauche vers le Vert Galant : dans quelle direction marches-tu maintenant ?

● Prends le troisième chemin sur ta droite dans le sens de ta marche : dans quel hameau arrives-tu ?
Tourne à gauche dans le sens de ta marche : quelle rivière longes-tu ?

● Marche jusqu'à la route.
Prends la route sur ta gauche : dans quelle direction marches-tu ?
Où arrives-tu au bout de 3 km environ ?

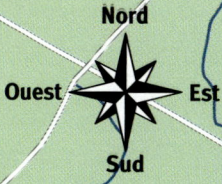

La forêt des Landes

Nord
Ouest — Est
Sud

Lande de la Grimace

Le Vert Galant

Bos de Jus

Lande de Bore
et de Balilade

Lande de la Chicane

Brousson

Serps

Couyalas

Bore

Ruisseau de Bernin

Balidade

Caché

Jeanticot

Poulonne

La Serre

Le Sarrot

La Tapy

Labrit

Grand Gourgues

L'Estantade

Gourgues

1 km

18 les paysages ruraux
Les villages

Vue générale d'un village Hunawhir en Alsace

église   maisons groupées   vigne   route

○ Sur la carte 11 de l'atlas, situe l'Alsace.

○ Décris ce paysage : les bâtiments, les champs, les routes, l'arrière-plan…

Les villages et leurs équipements

Un village est un groupe d'habitations de moins de 2000 habitants. Un quart de la population vivant en France habite dans les villages, dont certains ne comptent que quelques dizaines d'habitants **(doc. 1)**. Les villages n'offrent pas les services que l'on trouve en ville : quelques-uns ont une école, mais pas de collège, ni lycée, ni université ; certains possèdent de petits commerces (boulangerie, boucherie, café) mais pas de supermarché, ni magasins de vêtements, ni hôpital, ni bibliothèque **(doc. 3)**… Pour tout cela, les villageois se rendent en ville.

Des paysages variés

Les villages anciens présentent un habitat groupé autour d'une église et d'une mairie

| habitations | café | mairie | petits commerces | rues étroites | église |

○ Sur la carte 11 de l'atlas, situe l'Anjou. Près de quel fleuve cette région se trouve-t-elle ?

○ Décris ce paysage : les maisons, les commerces, les autres bâtiments, les personnes présentes.

● Compare les photographies de Bourgueil et d'Hunawhir :
les maisons, l'environnement...

● Quels éléments du paysage d'une ville
ne trouve-t-on pas dans un village ?

3 **Les équipements des villages**

Les communes qui ont entre 100 et 500 habitants possèdent généralement une école, un café et l'office religieux une fois par semaine. Les villages de 500 à 1 000 habitants regroupent les commerces de base (épicerie, boulangerie, boucherie) et quelques artisans. Les commerces non alimentaires (librairie, vêtements, électroménagers, fuel), les professions médicales, le bureau de poste, la pharmacie, la banque apparaissent plutôt dans les bourgs de 1000 à 2500 habitants.

D'après B. Mérenne-Schoumacher,
La Localisation des services, Nathan, 1996

(doc. 2) ; les rues sont étroites, les maisons serrées les unes contre les autres. Les quelques boutiques se concentrent près du centre, généralement autour d'une place.
En bordure de ce centre ancien, on trouve des maisons récentes, parfois des lotissements qui ressemblent à ceux des villes.
Aux alentours, la campagne est parsemée de fermes plus ou moins isolées qui dépendent du village (doc. 1 p. 134).

19 les paysages ruraux
Le tourisme rural

Un camping en zone rurale Luché-Pringé dans la Sarthe, Pays-de-Loire

○ Sur la carte au dos de l'atlas, situe la région des Pays-de-Loire.

○ Décris ce paysage : la verdure, les bâtiments, les équipements de camping…

● Quelles activités peut-on pratiquer en vacances à la campagne ?

● As-tu déjà passé des vacances à la campagne ? Où était-ce ?

La nature et le patrimoine

Les régions rurales possèdent de nombreux atouts pour attirer les habitants des villes :
– un environnement calme, favorable au repos (**doc. 1**) ;
– la nature, que l'on peut redécouvrir au cours de promenades et de randonnées, à pied, à cheval, à bicyclette…
– un riche patrimoine historique et culturel (vieilles fermes, châteaux, moulins, mais aussi artisanat et coutumes régionales…) (**doc. 2**).

Un espace aménagé

Pour accueillir les touristes, les ruraux créent des chambres ou des appartements chez eux, réhabilitent d'anciens bâtiments (fermes, châteaux…), construisent des hôtels, des villages de vacances, aménagent des terrains de camping (**doc. 1**)…
Pour agrémenter le séjour des touristes :
– les ruraux installent des équipements de loisirs : terrains de sport, piscines, aires de jeu…
– ils valorisent les monuments et les vieux villages (**doc. 2**), créent des musées…

2 Un village restauré >

Pérouges en Rhône-Alpes

Ce village du Moyen Âge
a été restauré pour permettre
aux touristes de retrouver
le charme d'autrefois,
de visiter les vieilles maisons
et de parcourir
en toute tranquillité les ruelles
interdites aux voitures.
Les vacanciers trouvent ici
des hôtels, des restaurants,
des cafés, des magasins...

○ Sur la carte au dos de l'atlas,
situe la région Rhône-Alpes.

○ À quoi vois-tu
que ces bâtiments
sont anciens ? À quoi vois-tu
qu'ils ont été restaurés ?

● Pourquoi a-t-on interdit
la circulation des voitures
dans Pérouges ?

● Connais-tu un autre village
restauré pour le tourisme ?

3 Vente à la ferme

Les agriculteurs veulent faire savoir que la Seine-et-Marne prépare des produits de qualité. Les citadins sont conviés à une découverte des produits alimentaires « à la ferme » : les volailles et les lapins, les élevages laitiers, l'apiculture, les pâtés fermiers, les pommes et le cidre, les légumes. Ces productions complètent les revenus des grandes cultures (céréales, betteraves), elles maintiennent de l'emploi en milieu rural, elles ouvrent l'espace rural au grand public.

D'après Balade du goût, Chambre d'Agriculture 77, 2001

● Dans un dictionnaire, cherche ce qu'est l'apiculture.

● Quel est l'objectif des agriculteurs de la Seine-et-Marne ?

● As-tu déjà vu des ventes de produits par les agriculteurs ? Quels produits était-ce ?

– ils proposent des activités : repas à la ferme, vente de produits régionaux (doc. 3), fêtes villageoises, foires, spectacles, tournois…
L'accès des touristes est facilité par l'aménagement de routes, d'autoroutes et de voies de chemin de fer.
Le tourisme rural, que l'on appelle également le « tourisme vert », transforme profondément les paysages ruraux. Il constitue une importante source de revenus qui permet aux ruraux d'aménager leur espace. Il apporte aussi de l'animation à ces régions.

LEXIQUE

l'environnement : l'ensemble des éléments naturels et humains d'une région.

une randonnée : une longue promenade.

une restauration : la réparation d'un bâtiment ou d'un objet ancien pour le protéger de l'usure ou de la destruction.

le tourisme vert : les voyages et les séjours à la campagne.

un village de vacances : un ensemble de logements construits pour accueillir les touristes.

20 les cartes, outils du géographe
La carte routière

LÉGENDE

≡≡≡ Autoroute

━━━ Route nationale

━━━ Route départementale

──── Chemin de grande randonnée

▨ Zone urbaine

⌒ Rivière

1 Découvrir les lieux >

Sur une carte routière figurent les villes et les villages.

○ Sur la carte ci-contre, nomme quelques petites villes.

○ Trouve et situe Luché-Pringé.

○ Quelle grande ville se trouve à 30 km environ au nord de Luché-Pringé ? (Utilise l'échelle)

Une carte routière donne également des indications sur l'environnement.

○ Quelle rivière passe par Luché-Pringé ?

○ Quelle autre rivière passe par cette région ?

2 Se déplacer >

Une carte routière indique les routes qui passent dans une région.

Les autoroutes possèdent deux noms :
– un nom français, qui commence par A comme Autoroute,
– un nom européen, qui commence par E comme Europe.

○ Sur cette carte, comment les autoroutes sont-elles représentées ?
Comment s'appelle l'autoroute qui traverse cette région ?
Quelles villes relie-t-elle ?

Les routes nationales, plus petites que les autoroutes, ont un nom qui commence par N.
Les routes départementales, encore plus petites, ont un nom qui commence par D.
Le sigle GR indique les chemins de grandes randonnées, sur lesquels on ne peut pas circuler en voiture.

○ Nomme une route nationale qui passe près de Luché-Pringé. Comment est-elle représentée ?

○ Nomme la route départementale qui passe par Luché-Pringé. Comment est-elle représentée ?

○ Quel GR passe non loin de Luché-Pringé ? Comment est-il représenté ?

● Quelle route prendrais-tu pour aller de La Flèche à Le Lude en voiture ?
Quel chemin prendrais-tu pour t'y rendre à pieds ?

● Quelles routes peut-on prendre depuis Luché-Pringé pour rejoindre l'autoroute ?

Les nombres écrits en rouge le long des routes indiquent les distances en kilomètres entre les villes.

● Avec l'échelle, calcule la distance « à vol d'oiseau » entre Luché-Pringé et l'autoroute.

● Avec les distances en rouge, calcule la distance à parcourir pour aller de Luché-Pringé à l'autoroute.

● Pourquoi la distance à parcourir par la route est-elle plus longue que la distance « à vol d'oiseau » ?

● À quoi sert une carte routière de ce type ?

Carte routière de la Sarthe

Nord

LE MANS

Paris

N 15

N 157

D 314

D 21

D 309

Allonnes

A 11 - E 501 - L'Océane

N 226

N 138

D 309

D 23

D 5

Arnage

D 4

D 23

Sarthe

La Suze-sur-Sarthe

D 14

D 307

D 309

D 8

D 23

D 12

D 8

N 23

D 32

D 23

D 8

D 1

D 13

D 306

D 307

15 km

5 km

D 1

8 km

Luché-Pringé

La Flèche

Loir

D 24

13 km

N 23

20 km

D 306

GR 36

D 59

Durtal

GR 35

18 km

D 305

GR 36

Le Lude

D 18

Angers, Nantes

D 938

D 307

D 306

D 1

D 817

D 767

D 766

Baugé

D 766

D 938

D 76

D 60

D 58

D 767

D 141

D 62

Beaufort-en-Vallée

10 km

21 les paysages montagnards
La montagne en hiver

1 Un paysage couvert par la neige Val d'Azin dans les Pyrénées

○ Sur la carte 12 de l'atlas, situe les Pyrénées. Avec quel pays marquent-ils la frontière ?
○ Décris ce paysage : les montagnes, les maisons, les arbres, les routes…
● Pourquoi, en hiver, neige-t-il plus souvent en montagne qu'au bord de la mer ?
○ À l'aide de l'atlas, nomme les autres montagnes françaises.

Un monde rude

La vie dans les montagnes est rude. Le climat est froid, car plus on s'élève vers les sommets, plus les températures sont basses.

En hiver, les montagnes sont couvertes de neige et de glace (**doc. 1**), ce qui rend la vie quotidienne, en particulier les déplacements, difficiles (voire dangereux du fait des routes verglacées et des risques d'avalanche).

Ces difficultés incitent les montagnards à se regrouper : ils vivent majoritairement dans de gros villages et surtout dans des villes situées dans les vallées (**photographie page 104**).

Le tourisme d'hiver

Les activités dans les régions de montagnes sont les mêmes qu'ailleurs : agriculture (peu active en hiver), industrie, services. Mais la principale activité en hiver est le tourisme : plus de 4 millions de touristes pratiquent chaque année les sports d'hiver, en particulier le ski de piste et le ski de fond (**doc. 2**).

L'afflux massif des touristes a conduit à la construction de stations de sports d'hiver, qui ont profondément transformé les paysages : bâtiments (chalets, appartements, hôtels…), équipements sportifs (télèphè-

2 Un paysage transformé par les sports d'hiver

Tignes dans les Alpes

télésiège

piste de ski

logements

télécabine

parking

machine d'entretien des pistes

○ Sur la carte 12 de l'atlas, situe les Alpes.

○ Quels équipements ont été construits pour accueillir les touristes ?

● Quels éléments de ce paysage n'existaient pas avant que Tignes devienne une station de sports d'hiver ?

riques, téléskis) **(doc. 3)** et de loisirs (cinémas, restaurants...), moyens de transport (routes, chemins de fer), commerces (vêtements, matériel de ski...)...

LEXIQUE

une avalanche : une importante masse de neige qui dévale une montagne.

les services : les activités qui ont pour but de satisfaire les besoins des personnes, tels que la santé, l'éducation, les loisirs, les transports...

une vallée : un espace allongé, en creux, entre deux montagnes, dans lequel coule une rivière.

3 Tourisme et paysage

Depuis trente ans, la France s'est équipée pour le ski : 3 000 pistes de descentes, 2 250 remontées mécaniques pour les seules Alpes. Ah ! On en a fait des prouesses ! Télésièges, « œufs », téléphériques se sont accrochés sur les plus hauts glaciers. Aucun pays au monde n'aurait osé enlaidir ses montagnes comme la France l'a fait.

D'après J.-P. Adine et F. Lewino, Le Point, 15 avril 1991

○ En quoi le développement des sports d'hiver a-t-il transformé les paysages de montagne ?

● En quoi a-t-il enlaidi certains paysages ?

22

La montagne en été

1 Une végétation en « étages »

Aiguille de Bionnassay, massif du mont Blanc, dans les Alpes

glacier et neiges « permanentes »

roches nues

prairies herbeuses

forêt

champs

village

○ Sur la carte 12 de l'atlas, situe le mont Blanc. À quelle altitude se trouve-t-il ?

○ Décris le paysage.

● À ton avis, comment sont les températures en altitude ? dans la vallée ?

● Compare ce paysage à celui de la page 146 : sommets, pentes, climat et végétation...

Des paysages variés

Durant l'été, la montagne présente des paysages différents selon l'altitude (doc. 1).
Dans les vallées, le temps est doux. Les terres fertiles sont réservées à l'agriculture.
Plus haut, les températures sont plus fraîches et la végétation est différente : des forêts, des prairies.
Plus haut encore, les rochers sont nus.
La glace et la neige couvrent toute l'année les sommets les plus élevés.

Le tourisme d'été

En été comme en hiver, la montagne est une destination de tourisme. On peut y pratiquer diverses activités : escalade, randonnées, parapente, visite de parcs animaliers... (doc. 2)
Les équipements du tourisme d'hiver (bâtiments, bases sportives et de loisirs, moyens de transport, commerces...) sont utilisés en été. D'autres sont créés pour cette saison : campings, piscines, plages au bord des lacs ou le long des rivières...

Découvrez...

une montagne
douce, relaxante
idéale pour se retrouver
en famille...

Ranch, pétanque, volley, tennis, mini golf, baignade, pêche, kayak. Réserve naturelle, randonnées... Goûters chez les alpagistes.

Morillon · Verchaix · Sixt-Fer à Cheval
3 villages très nature vous ouvrent leurs portes

Cet été le bonheur sera dans la montagne

...une montagne plus tonique pour s'éclater entre amis.

Activités d'eaux vives : rafting, canyoning dans la vallée, sports de corde, escalade, haute montagne, spéléo. 450 km de sentiers, 8 refuges, 400 km pistes vtt, 4 remontées.

Recevez gratuitement nos brochures en écrivant à l'office du tourisme du Haut Giffre 74740 Sixt-Fer-à-Cheval

haute savoie mont blanc   LE GRAND MASSIF

Dynamic 19 · 74200 Thonon

○ Quel est le slogan de cette publicité ?

○ Quelles activités sont proposées ? Lesquelles sont nommées ? Lesquelles sont représentées ?

● Quels arguments incitent les groupes d'amis à passer leurs vacances à la montagne ?

● Quels arguments s'adressent aux familles ?

● Quels équipements nécessaires au tourisme d'été ne sont pas représentés sur cette publicité ?

23 les cartes, outils du géographe
La carte du relief

1 Découvrir les lieux >

○ Sur la carte ci-contre, situe Sixt-Fer-à-Cheval.

○ Nomme deux autres villes ou villages.

● Cette carte représente-t-elle une zone urbaine ou une zone rurale ? Justifie ta réponse.

○ 4 cm sur la carte représentent 1 km dans la réalité :
quelle est la distance réelle entre Sixt-Fer-à-Cheval et Pont de Sales au sud ?

Cette carte donne des informations sur l'environnement, les routes, les équipements…

○ Quelle rivière coule à Sixt-Fer-à-Cheval ?

○ Quelles routes passent dans ce village ?

○ Une autoroute passe-t-elle près de ce village ?

● Sur la publicité de la page 149, quelles activités sont représentées ?
Trouve sur cette carte les lieux dans lesquels on peut pratiquer ces activités. Justifie ta réponse.

LÉGENDE

▢ Village

═ Route

〜 Rivière

Altitude

• 1079 m   Altitude

▬ plus de 1900 m

▬ de 1600 à 1900 m

▬ de 1300 à 1600 m

▬ de 1000 à 1300 m

▬ moins de 1000 m

2 Comprendre le relief >

Cette carte représente les formes du relief.
L'altitude de certains points est indiquée.

○ Sur la carte, trouve et nomme un lieu situé à plus de 1900 m d'altitude

○ À quelle altitude le village de Sixt-Fer-à-Cheval se trouve-t-il ?

Les zones situées à la même altitude sont représentées
avec une même couleur : marron clair, marron foncé…

○ De quelle couleur sont les zones de la plus haute altitude
sont-elles représentées ?

○ Quel village se trouve à plus de 1000 m d'altitude ?

● Pourquoi les villages ont-ils été installés dans les vallées
et non en haut des montagnes ?

● Si tu vas de Sixt-Fer-à-Cheval à La Grenairon,
le terrain monte-t-il ou descend-il ? Justifie ta réponse.

● Pourquoi les routes de montagne forment-elles parfois des « lacets »,
comme au sud de cette carte ?

● En regardant cette carte,
que peux-tu imaginer du paysage qu'elle représente ?

○ Sur la carte 12 de l'atlas, quels sont les paliers d'altitude représentés ?
Nomme les hautes montagnes. Nomme les moyennes montagnes.

LEXIQUE

l'altitude : la hauteur d'un point par rapport au niveau de la mer (considéré comme le niveau 0).

le relief : la forme d'un terrain qui comporte des creux et des bosses.

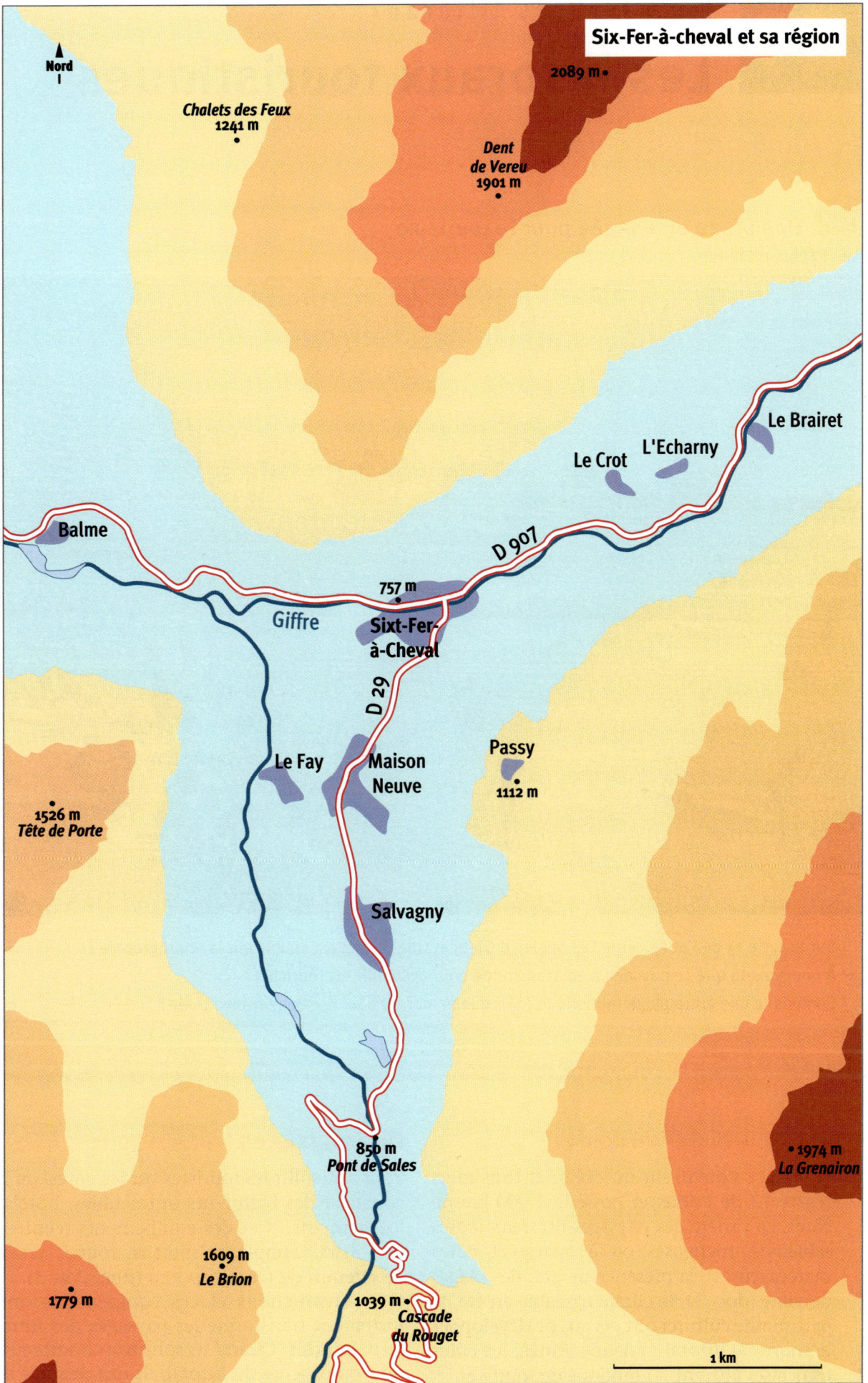

Six-Fer-à-cheval et sa région

Nord

• 2089 m

Chalets des Feux
1241 m •

Dent
de Vereu
1901 m •

Le Brairet

Le Crot   L'Echarny

Balme

D 907

Giffre

757 m •

Sixt-Fer-
à-Cheval

D 29

Le Fay   Maison
Neuve

Passy
1112 m •

1526 m •
Tête de Porte

Salvagny

• 1974 m
La Grenairon

850 m •
Pont de Sales

1609 m •
Le Brion

1779 m •

1039 m •
Cascade
du Rouget

1 km

24

Les littoraux touristiques

1 Une plage aménagée pour le tourisme

Les Sables-d'Olonne

○ Sur la carte 13 de l'atlas, situe Les Sables d'Olonne. Quel océan est visible sur la photographie ?
● À quoi vois-tu que ce paysage a été transformé pour accueillir les touristes ?
○ Connais-tu une autre plage touristique ? Sur quelle mer ou quel océan se trouve-t-elle ?

Les atouts du tourisme

La France s'ouvre sur un océan et trois mers **(carte 13 de l'atlas)** et possède 3 000 km de côtes. La variété des paysages littoraux (côtes sableuses, rocheuses ou à falaise et côtes marécageuses), la présence de grandes plages de sable **(doc. 1)**, le climat agréable en été, le patrimoine culturel ont permis de développer le tourisme littoral : chaque année, les côtes françaises attirent 30 millions de touristes.

Des paysages transformés

Pour accueillir les touristes sur les côtes, on a construit des bâtiments (immeubles, hôtels, lotissements…) et des équipements (centres de loisirs, complexes sportifs, routes, voies de chemin de fer, aéroports) **(doc. 2 et 3)**.
Ces constructions et ces équipements ont fortement transformé les paysages des littoraux français. Quand ils sont trop nombreux ou trop proches du littoral, ils ont dégradé le

2 Un port de loisirs Le Cap d'Agde sur la Méditerranée

Ce port du Cap d'Agde a été creusé dans une zone autrefois recouverte d'étangs et de marécages.

| terrains de tennis | parking | port | immeubles d'habitation | mer |

○ Sur la carte 13 de l'atlas, situe le Cap d'Agde.

● Quels aménagements ont été faits pour les loisirs ? pour le logement des vacanciers ?

● Pourquoi les immeubles ont-ils été construits si près du port ?

paysage. C'est pourquoi l'État et les régions contrôlent désormais étroitement les nouveaux projets et interdisent les travaux à moins de 100 mètres de la côte.

L E X I Q U E

une côte : la limite entre la terre et la mer

un littoral : une partie de terre qui se trouve le long de la mer.

3 Une plage entretenue

Argelès s'est équipée d'une station d'épuration et, en 10 ans, la qualité des eaux de baignade s'est considérablement améliorée. De grosses machines nettoient les plages de 1 heure à 8 heures du matin. Elles enlèvent les déchets, tamisent le sable sur 20 cm d'épaisseur, et pulvérisent sur le sable un désinfectant naturel. 170 corbeilles, six blocs-douches et six blocs sanitaires ont été installés sur la plage.

D'après l'Office de tourisme d'Argelès-sur-mer, Argelès pratique, 1996.

○ Sur la carte 13 de l'atlas, situe Argelès-sur-mer.

○ Décris l'entretien et les aménagements réalisés sur cette plage.

● À quoi servent-ils ?

● En quoi transforment-ils le paysage ?

25 les paysages littoraux
Les littoraux de la pêche et du commerce

1 Un port de pêche Le Guilvinec en Bretagne

halle   bateaux de pêche   quai   parking

○ Sur la carte 13 de l'atlas, situe Le Guilvinec.

● À quoi vois-tu que ce port est un port de pêche et non un port de tourisme ?

Les littoraux de la pêche

La France a 25 000 pêcheurs qui, pour la plupart, travaillent avec de petits bateaux et naviguent sur de courtes périodes.

Elle possède de nombreux ports de pêche, dont quelques-uns suffisamment gros pour abriter des navires-usines : Boulogne sur la mer du Nord, Lorient, Concarneau, Douarnenez et La Rochelle sur l'océan Atlantique (**carte 13 de l'atlas**).

Les ports de pêche présentent des paysages caractéristiques, avec leurs chalutiers et leurs halles (**doc. 1**).

Les littoraux du commerce

La France importe et exporte différents produits, dont une grande partie arrive et part par bateaux.

Pour accueillir les navires de commerce, des ports ont été aménagés (**doc. 2 et carte 13 de l'atlas**), avec :

– des bassins profonds, car les navires de commerce sont gigantesques ;

– de longs quais avec des grues qui chargent et déchargent les marchandises ;

– des équipements de stockage ;

– des routes et des voies de chemin de fer.

cuves à pétrole   voie de chemin de fer   digue de protection   usine

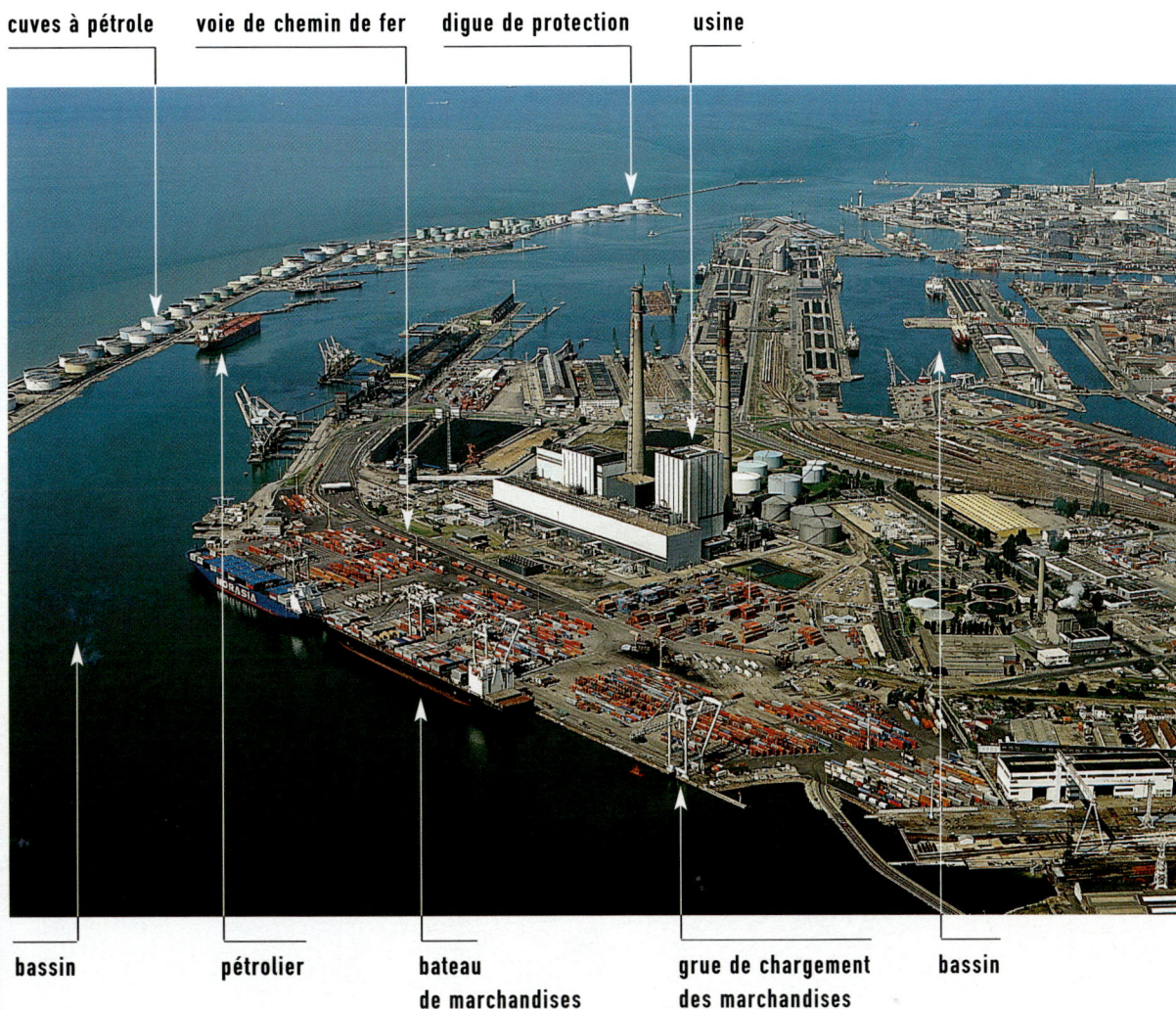

bassin   pétrolier   bateau   grue de chargement   bassin
                                          de marchandises   des marchandises

○ Sur la carte 13 de l'atlas, situe Le Havre.

● Quels sont les avantages du transport par bateau
par rapport à l'avion ? par rapport au camion ?

● Pourquoi ne peut-on utiliser les ports de tourisme
ou les ports de pêche pour le commerce ?

3 La pollution des côtes

Depuis 1967, près de 7 millions de tonnes
de pétrole ont été déversés dans la mer
suite au naufrage de 65 pétroliers dans le
monde. Le naufrage de l'Erika, en décembre
2000, a causé la mort de milliers d'oiseaux,
souillé les côtes atlantiques et nécessité
des milliers d'heures de nettoyage. Moins
spectaculaire mais tout aussi polluant : les
bouteilles, les sacs plastiques, les pneus, les
ordures ménagères. Beurk ! Dégoûtants les
océans !

D'après Okapi n° 697, spécial été 2001

LEXIQUE

un chalutier : un bateau de pêche.

exporter : vendre à l'étranger.

une halle : une grande salle dans laquelle on vend
le poisson en grande quantité.

importer : acheter à l'étranger.

les marchandises : tout ce qui s'achète.

un navire-usine : un bateau qui pêche en grande
quantité.

le stockage : le fait de garder des objets en grande
quantité.

○ Quelles sont les différentes causes
de la pollution des mers ?

● Qui est responsable de ces pollutions ?

○ Quelles en sont les conséquences ?

● Que peut-on faire pour y remédier ?

● Pourquoi le pétrole est-il transporté
sur la mer ?

26

Le paysage et sa carte

A B C D E F G

1 La photographie ∧

L'aber Benoît, Bretagne

Un aber est une vallée envahie par la mer. Le nord de la Bretagne en compte de nombreux.

○ Sur la carte 13 de l'atlas, situe l'aber Benoît.

○ Décris ce paysage :
– la mer, la forme des côtes, les îles…
– la végétation,
– les maisons, les routes, les équipements…

2 La carte >

Cette carte également représente l'aber Benoît.

○ Où se trouve le nord ? Quelle est l'échelle de cette carte ? Quels sigles sont expliqués par la légende ?

● À quelle lettre sur la photographie le camping de Corn al Gazel correspond-il ? D'après la carte, quel équipement se trouve à côté de ce camping ?

● Comment s'appelle le quartier B ?

● Quelle lettre désigne la plage Morgan ? (Aide-toi de la carte)

● La lettre D désigne-t-elle l'île Garo ou l'île Tariec ?

● Comment s'appelle le hameau à côté du port en E ?

● Dans quel hameau la chapelle en F se trouve-t-elle ?

● Où va la route qui passe en G ?

Légende

- Champs
- Plage
- Maisons
- Route
- Port
- Chapelle
- Camping
- Terrain de tennis

Nord

ILE TARIEC

PRESQU'ILE

SAINTE-

MARGUERITE

Ar Vourc'h

Kermengui

Kerennoc

La Manche

Prat al Lann

Kerisquin

ILE GARO

Brouennou

Croaz Anez

Lannilis

Corn ar Gazel

Penn ar Créac'h

Kervigorn

Morgan

Aber Benoît

Traon Bouzar

Guélédigou

Penn ar Park

Kervasdoué

Le Bous

1 km

27 les paysages français
La France d'outre-mer

1 Un paysage rural de la zone chaude L'île de Moorea, en Polynésie française

○ Sur la carte 9 de l'atlas, situe la Polynésie française. Dans quel océan se trouve-t-elle ?

○ Décris ce paysage : la mer, la végétation, le temps qu'il fait...

● À quoi vois-tu que ce paysage appartient à la zone chaude ?

● À ton avis, quelles sont les sources de revenus des habitants de cette région ?

Des îles dans la zone chaude

La France possède des territoires et des départements dans la zone chaude du globe, en particulier la Polynésie française et la Nouvelle-Calédonie (dans l'océan Pacifique), La Réunion (dans l'océan Indien), les Antilles (dans l'océan Atlantique) **(carte 9 de l'atlas)**…

Ces territoires, pour la plupart des îles au relief montagneux, possèdent une végétation caractéristique de la zone chaude, avec de hautes fougères et des arbres **(doc. 1)**.

Ils sont occupés par des populations métis-sées : des Européens venus de la métropole, des populations originaires de la région, par endroits des descendants d'Africains arrivés pendant la traite des esclaves **(doc. 2)**.

Des territoires dans la zone froide

La France possède également des territoires dans les zones tempérées et froides : les îles Kerguelen dans l'hémisphère Sud, Saint-Pierre-et-Miquelon dans l'hémisphère Nord **(carte 9 de l'atlas)**. Ces terres abritent de nombreux animaux et sont des zones de pêche importantes.

2 Un paysage urbain de la zone chaude >
La mosquée Noor El Islam à Saint-Denis de La Réunion

○ Sur la carte 9 de l'atlas, situe La Réunion. Dans quel océan se trouve cette île ?

○ Décris ce paysage : les maisons, les rues, les magasins, la végétation, les personnes, les monuments...

● À quoi vois-tu que ce paysage est celui d'un territoire ou d'un département français ?

3 Un paysage de la zone froide ∧
La station Dumont d'Urville en Terre Adélie

La Terre Adélie est une partie de l'Antarctique qui appartient à la France. Cette station de recherche créée en 1957 accueille des scientifiques qui viennent étudier pendant quelques mois par an les traces du passé lointain de notre planète, enfouis dans les glaces.

Dans l'Antarctique, la Terre est inhabitée et accueille, pour des durées limitées, des scientifiques qui font des recherches sur la zone polaire (doc. 3).

○ Sur la carte 9 de l'atlas, situe la Terre Adélie. Sur quel continent se trouve-t-elle ?

○ Décris ce paysage : le relief, les bâtiments, la végétation...

● À quoi vois-tu que ce paysage appartient à la zone froide de notre planète ?

● Pourquoi personne ne vit en Antarctique ?

LEXIQUE

un archipel : un ensemble d'îles.

les Dom Tom : les départements et les territoires d'outre-mer.

la métropole : la partie de la France qui se trouve en Europe.

TABLE D'ILLUSTRATIONS

6/7	ph © R. G. Ojeda/RMN
11-h	ph © Giraudon/Bridgeman
11-bg	ph © Paris, Musée du Louvre/Josse
11-bd	ph © Paris, Musée Carnavalet/Josse
12	ph © DR
13-2	ph © DR
16-1	ph © Georg Gerster/Rapho
16-b	ph © BNF/Archives Hatier
17-2	ph © Tordjeman/Musée Fenaille, Rodez (coll. Société des Lettres, Sciences et Arts de l'Aveyron
17-3	ph © Dufeu/Jerrican
18/19	ph © Jean Vertut
21-3	ph © C. Pouedras/Eurelios
21-4	ph © Musée Ladevèze/Le Mas d'Azil ph © Blot/RMN, Paris
22-1, -2	ph © John Reader/Science Photo Library/Cosmos
24-1	ph © J.Oster/Coll. Musée de l'Homme, Paris
24-2	ph © MAN de Saint Germain en Laye J.G. Berizzi/RMN
25-3A	ph © Gérard Blot/RMN
25-3B	ph © RMN
25-3C	ph © Hatala/Coll. Musée de l'Homme, Paris
25-3D	ph © J.Oster/Coll. Musée de l'Homme, Paris
25-3E	ph © Coll. Musée de l'Homme, Paris
26	ph © Musée de Terra Amata, Nice
29-2, -3	ph © Jean Schormans/RMN
30-1	ph © Pierre Bodu/CNRS
30-2	ph © Fanny/Gamma
32-1h	ph © A et D. Vialou
32-1m	ph © Jean Clottes
32-2	ph © Vertut/Leroi-Gourhan
34-1A	ph © Dagli Orti
34-1B	ph © St Germain en Laye, MAN/ Jean Schormans/RMN
34-1C	ph © Dagli Orti
34-1D	ph © Jean Schormans/RMN
35	ph © CRDP d'Aquitaine
36-1g	ph © Josse
36-1d	ph © Musée National de Zurich
37-2	ph © J-D. Lajoux/Rapho
38-1h	ph © Hatala/Coll. Musée de l'Homme, Paris
38-1b	ph © Charavines ; Cliché Musée de la Civilisation gallo-romaine, Lyon/CDPA
39-2	ph © Charavines ,Cliché A. Bocquet/CDPA
39-3	ph © Charavines, Cliché A. Bocquet/CDPA
40-1	ph © Luc Jalot/Société Languedocienne de Préhistoire
42-1	ph © Joe Cornish/Fotogram Stone/Getty Images
40-2	ph © J. Labbé/Pix/Getty Images
44-1A	ph © G. Poncet/RMN
44-1B	ph © St Germain en Laye, MAN / RMN
44-2C	ph © Cliché B. Hatala/Coll Musée de l'Homme, Paris
44-1D	ph © Le Faouêt Morbihan ; Loic Hamon/RMN
44-2E	ph © Josse
45-3F	ph © Josse
45-3G	ph © Chuzeville/RMN
45-3H	ph © Cliché B. Hatala/Coll Musée de l'Homme, Paris
45-4	ph © Dagli Orti
46-1	ph © André Lepage/Ciric
48/49	ph © Dagli Orti
50-1	ph © Jean Schormans/RMN
51-2	ph © Chuzeville/RMN, Paris
51-4	ph © Lauros Giraudon/Bridgeman
53-3	ph © Giraudon/Bridgeman
54-1	ph © R. Roland/Artéphot
55-3	ph © Marie Françoise Dumont Heusers
56-1	ph © D. Arnaudet/RMN
57-4	ph © H. Lewandowski/RMN
57-5	ph © Giraudon
57-6	ph © BNF/Archives Hatier
58-1	ph © Dagli Orti
60-1	ph © Didier Cry/Parc Archéologique de Samara
61-3	ph © Dagli Orti
62-2	ph © R.G. Ojeda/RMN
63-3	ph © Franck Raux/RMN
64-1	ph © Musée Gaumais, Virton, Belgique
65-2	ph © Dagli Orti
65-3hg	ph © Gérard Blot/RMN
65-3hd	ph © Dagli Orti
65-3bd	ph © J.G. Berizzi/RMN
65-4	ph © Dagli Orti
66-1h	ph © Bernard Beaujard
66-1md	ph © J. Schormans/RMN
66-1d	ph © Josse
70-1A	ph © J. Schormans/RMN
70-1B	ph © Josse
71-2m	ph © Giraudon / Bridgeman
71-2b	ph © 2002-Les Editions Albert René/Goscinny-Uderzo
72-1g	ph © Hervé Champollion/Top
72-3	ph © Scala
73-2	ph © Dagli Orti
74-1	ph © Dagli Orti
74-2	ph © Hervé Champollion/Top
75-3	ph © Hervé Champollion/Top
75-4	ph © Mopy/Rapho
77-2	ph © Dagli Orti
77-3	ph © André Guerrand/Musée Calvet, Avignon
78-1	ph © G. Blot/RMN
78-2	ph © Erich Lessing/AKG, Paris
80-1	ph © Jean-Loup Charmet
81-3	ph © Giraudon
82-1	ph © Giraudou/Explorer/Hoa Qui
83-2	ph © Dagli Orti
84-1	ph © Musée de Halle/Archives Hatier
85-2	ph © Dagli Orti
85-3	ph © Scala
86/87	ph © ESA/Ciel et Espace
91	ph © Pascal Hinous/Agence Top
93-3	ph © Jouan/Rius/Hoa Qui
93-4	ph © John Beatty/Fotogram -Stone/Getty Images
94	ph © G. Rowell/Mountainlight/Explorer/Hoa Qui
95	ph © B. Gardel/Hémisphère
96-1	ph © ESA/Ciel et Espace
96-2	ph © Fotogram -Stone/Getty Images
97-3	ph © Eurimage/Ciel et Espace
97-4	ph © Météo-France
98	ph © Boutrit/Woodfin Camp/Cosmos
99-2	ph © D. Reed/Material World/Cosmos
100	ph © Bruno Barbier/Diaf
101-2	ph © S. G. Henry/Material World/Cosmos
102-1	ph © Christine Penberton/Diaf/Photononstop
103-2	ph © Gohier/Explorer/Hoa Qui
103-3	ph © Sue Cunningham/Getty
104/105	ph © J. Sierpinski/DIAF/Photononstop
106	ph © SPL/Cosmos
107	ph © SPL/Cosmos
108	ph © Boutteville/Explorer/Hoa Qui
109-2	ph © A. Le Bot/DIAF/Photononstop
109-3	ph © Andia
110	ph © D. Repérant/Hoa Qui
111-2	ph © R.G. Ojeda/RMN © Picasso Administration, 2002
111-3	ph © J.C. Moschetti/REA
114	ph © M. Denance/Archipress
115	ph © S. BersoutArchipress
116-1	ph © J. Sierpinski/Diaf Photononstop
116-2	ph © M.T. Le Duff/Les Créateurs Bretons
117-3	ph © S. Bersout/Archipress
117-4	ph © Lily Franey/Rapho
120	ph © Pix/Getty Images
121	ph © P. Le Floc'h/Explorer/Hoa Qui
122-1	ph © Pierre Soissons
122-2	"Maurs la Jolie" Peinture, 1990 par Edmond Van de Wiele ph © Imprimerie Créadis, Maurs la Jolie
123-hg	ph © Bridgeman © Adagp, Paris, 2002
123-hd	ph © Jacques Faujour/RMN © Adagp 2002
123-hd	ph © Peter Willi/Bridgeman Art Library © Adagp, Paris, 2002
123-bd	ph © Bridgeman © Adagp, Paris, 2002
123-bg	ph © R. Doisneau/Rapho
124	ph © F. Jourdan/Altitude
125	ph © Y. Arthus-Bertand/Altitude
128	ph © Régis Coisne/Altitude/Hoa Qui
129	ph © F. Lechenet/Hémisphères
130	ph © F. Le Diascorn/Rapho
131	ph © Franck Eustache/Archipress
134	ph © Y. Arthus-Bertand/Altitude
135-2	ph © J. Douillet/Bios
135-3	ph © Saint-Pierre/Rapho
136	ph © F. Vidal/Bios
137	ph © R. Berli/Rapho
140	ph © Jalain/Explorer/Hoa Qui
141	ph © J. Labbé/Pix/Getty Images
142	ph © P. Gleizes/REA
143	ph © Pix/Getty Images
146	ph © Canivenq/Medialp
147	ph © Iconos/Hoa Qui
148	ph © P. Tétrel/Explorer/Hoa Qui
149	ph © Morillon
152	ph © J. Bénazet/Pix/Getty Images
153	ph © Meauxsoone/Pix/Getty Images
154	ph © B. Demee/Les Créateurs Bretons
155	ph © G. Halary/Pix/Getty Images
156	ph © Y. Arthus-Bertand/Altitude
158	ph © G. Navaron/Cosmos
159-2	ph © R. Mattes/Hoa Qui
159-3	ph © R. Espin/Hoa Qui

Achevé d'imprimer en France par Clerc s.a.s. - 18200 Saint-Amand-Montrond - Dépôt légal : N°19604 - avril 2008